ESPERANZA
La Mayor Dádiva del Amor

*Y la esperanza no vergüenza;
porque el amor de Dios ha sido derramado
en nuestros corazones
por el Espíritu Santo que nos ha sido dado.
Romanos 5:5 (RVR95)*

Catherine Petersen

© copyright 2006, Catherine Petersen
Primera edición
© copyright 2022

Sin perjuicio de los derechos de autor reservados anteriormente, ninguna porción de esta publicación puede ser reproducida, almacenada o introducida en algún sistema de recuperación de datos, o transmitida en cualquier forma o por cualquier medio (electrónico, mecánico, fotocopiado, grabación u otros) sin la autorización previa por escrito del propietario de los derechos de autor y del editor de este libro.
Publicado por Aventine Press
55 E. Emerson St.
Chula Vita CA, 91911 www.aventinepress.com

ISBN: 978-1-955162-24-1
Impreso en los Estados Unidos de América
TODOS LOS DERECHOS RESERVADOS

Las citas bíblicas son utilizadas de la versión Reina Valera 1995
Diseño de la cubierta del libro: Malane Newman
https://malanenewman.com
Fotografía de la contraportada: Jenetta Lea Penner

Reseñas

Al conocer a Catherine y verla afrontar la tragedia y la pérdida en su vida, me vienen a la mente tres palabras: ¡adelante soldado cristiano! Su fortaleza y tenacidad provienen claramente de Aquel en quien pone su esperanza y confianza, Jesús y Su palabra. Si usted siente que no hay esperanza y está luchando contra la pena y el dolor, este libro es para usted. Le animará y le indicará la dirección correcta hacia la esperanza, la sanación y la plenitud. Si no ha tenido que recorrer la senda del dolor, este libro puede ayudar a un amigo que sí lo ha experimentado o le equipará mejor si algún día emprende esa jornada.

- Mark Manion, conferenciante/autor

Cuando empecé a leer el libro de Catherine, la primera palabra que me vino a la mente fue "cautivador". Mi corazón se sintió absorto por las experiencias de su vida a medida que describía elocuentemente sus altibajos y victorias. Su historia está tan bien integrada con Dios como centro de su vida, que me dio el valor y la esperanza para poder aplicarlos de forma natural a mis propias circunstancias. El estilo de Catherine es auténtico, carismático y emocionalmente impactante, lo que atrae al lector de inmediato. Comencé a leer su manuscrito y no pude dejarlo de *lado. Yo recomendaría este libro a cualquier persona que desee ser animado, que necesite refrigerio y ser lleno de esperanza en nuestro poderoso y sanador Dios.*

-Teresa Quinn, Pastora de Grupos Pequeños en Canyon View Christian Fellowship.

Si usted se encuentra en las brechas del amor y la pérdida, entonces no es casualidad que este libro le haya alcanzado. Me siento privilegiada de conocer a Catherine como una poderosa, dinámica y talentosa líder de alabanza que habla y canta con ternura, abiertamente y con humor a la verdad que no sólo ella conoce, sino que tan bien vive.

Cuando sucedió lo impensable y su vida cambió para siempre, Catherine se tornó hacia Aquel quien no cambia. Estimado lector, usted, , queda invitado a venir, a probar y ver que el Señor es bueno aún en medio de la tragedia y la pérdida. La fe, la esperanza y el amor de Catherine produjeron una nueva canción que se escucha claramente en las páginas de "Esperanza: la mayor dádiva del amor", a medida que, escritura tras escritura, se comprende mejor el poder sanador de la Palabra de Dios y la esperanza que por la mañana viene la alegría.

-Lynda Miller, Pastora/Fundadora New Beginnings Counseling Services

Conozco a Catherine Petersen desde hace muchos años y he tenido el privilegio de ministrar junto a ella en muchos retiros y conferencias. Su vida es un testimonio vivo del mensaje de esperanza que comparte. *"Hope: Loves's Greatest Gift" (Esperanza: la mayor dádiva del amor) es un libro que le hará volver las páginas y le animará a tener esperanza en cualquier situación desesperante a la que se enfrente en la vida.*

-Catherine Martin, Fundadora y Presidenta de Quiet Time Ministries

La valiente historia de Catherine que narra su camino desde el dolor y la desesperación hasta la esperanza y la sanidad inspirará a todos aquellos que han sufrido grandes pérdidas en sus vidas. Catherine muestra cómo la confianza firme en Dios y el poder transformador de Dios pueden traer restauración incluso al alma más herida.

-Mark L. Strauss, PhD Profesor de Nuevo Testamento Bethel University, San Diego, California

Reconocimientos

Un gran abrazo italiano para mi dulce amiga y brillante editora principal, Summer Groenendal. Tu corazón para el Señor y tu oído para la fluidez y la continuidad hicieron que este trabajo cantara. Gracias por guiarme hasta el final.

Mi gran amiga y hermana en Cristo, Debbie Anderberg. Siempre puedo contar con tu honestidad atrevida y de buen gusto. Gracias por no rendirte mientras añadíamos, rehacíamos transiciones y compaginábamos el pasado y el presente en el papel de editora. Tu amor por el Señor y la integridad de Su Palabra relucen a través de tus contribuciones.

Gracias Laurel Shields por tu gentil empujón a la traducción de esta "Esperanza" al español. Que el Señor continúe bendiciéndote así como bendices a otros con tu generosidad financiera y con tu apoyo práctico, tal como proveyendo un hogar encantador para descansar mis cansados huesos. ¡Tu inspiración me estimula!

Gracias a mi querida hermana, amiga y compañera superviviente de cáncer, Midge Kilcrease. No hay palabras para describir adecuadamente lo mucho que te aprecio como una amiga de siempre y hermana "mayor". Una vez más me has bendecido añadiendo tu toque de armonía a este proyecto, aportando una combinación de voces e ideas.

Mi hermana del alma e increíble traductora al español - Mirta Pimentel. Tu devoción a nuestro Señor se expresa tan bellamente al presentar este desesperadamente necesitado mensaje de esperanza a nuestros amados hermanos y hermanas de habla hispana. Sólo la eternidad revelará el alcance del impacto que ha tenido tu contribución. ¡Te amo!

La brillante diseñadora, Malane Newman. Gracias, Malane por motivarme a través del desarrollo de mi página de internet, el cual me ha lanzado a más eventos de conferencias compartiendo el mensaje de esperanza de Dios. ¡Tu increíble talento y creatividad me han dado alas! Aunque no estoy en el circuito de conferencias y mi página de internet ya no está activa, tu trabajo puso en marcha este mensaje.

Por último, y no por ello menos importante, quiero dar las gracias a mi Señor y Salvador, Jesucristo. Sin ti, Señor, mi historia no tendría sentido. Tu diseño y disposición de mi vida me ha llevado al punto de compartirla sin disculparme. Sólo Tú eres la razón por la que canto y la única razón por la que soy capaz de estar de pie y compartir estas palabras. Tú me das la fuerza y el deseo de derramar mi corazón y mi alma para Tus propósitos. Recibe esta labor y colócala en tu altar. Te presento este mensaje de Esperanza como una ofrenda de mi amor. Por favor, úsalo para Tu gloria.

Dedicatoria

Dedico este libro a mis increíbles hijos: Nathan, Krista, Erin, James y Toni Nicole. Cada uno de ustedes ha recorrido caminos pedregosos, ocasionando retos, a veces incluso dolor profundo, sin embargo, todos ustedes son personas muy fuertes y exitosas. Por favor, perdónenme por el dolor que les han causado los desvíos y errores de mi vida. Siempre han sido compasivos conmigo y les estaré eternamente agradecida. ¡Me siento orgullosa de ser su madre!

A los miembros de mi familia y a mis queridos amigos que han experimentado sus propias dificultades. Son demasiados para enumerarlos, pero ustedes saben quiénes son. Que el Señor los acerque, los eleve por encima de las tormentas y ponga sus pies en tierra firme.

Que este libro sea un recordatorio de mi amor y respeto por ustedes, y un reconocimiento público de su fe y valor en tiempos difíciles. Juntos, libraremos esta batalla de fe y venceremos, porque el poder de Jesucristo opera en nosotros. No lo olviden nunca, puesto que contamos con JESÚS, ¡siempre hay esperanza!

Índice de capítulos

Introducción	1
Capítulo uno: El amor exige sacrificio	5
Capítulo dos: Volar por fe	25
Capítulo tres: Canción en la noche	39
Capítulo cuatro: Pisando tierra firme	53
Capítulo cinco: La invitación de Dios	79
Capítulo seis: El resto de la historia	87
Capítulo siete El compás continúa	115
Capítulo ocho: La palabra de Dios para usted	121
Orar sin cesar	125
Esta es mi Biblia	133
Las viudas en la Palabra	135

Introducción

La vida es como una carrera de obstáculos. Al caminar por el sendero de la vida, a veces el camino es recto y llano. A veces hay que subir una o dos colinas. Entonces, en algún punto del camino, es casi seguro que se encuentre con un muro que le bloquee el paso. Es lo suficiente para interrumpir el ritmo y tomarnos desprevenidos. La solidez de la barrera puede suponer un reto, pero con algo de agallas y esfuerzo se consigue escalar el muro y seguir avanzando a tumbos. Luego... nos encontramos con charcos de lodo.

Un lodazal puede ser cualquier cosa que le haga ir más despacio, le desanime y acabe por rendirse. Si usted cae en uno y permanece allí demasiado rato, puede acabar destruyéndolo. El pozo representa el dolor causado por la pérdida de un ser querido - por muerte o divorcio - o por una enfermedad grave que le afecta a usted o algún miembro de su familia. Sea lo que sea, le hace sentirse atrapado, completamente paralizado, como si no hubiera esperanza de sobrevivir.

Los momentos difíciles pueden hacer que surja lo peor de nosotros. A menudo respondemos desde nuestra ira y frustración, rompiendo a llorar sin previo aviso. Ya sea autoprovocado o ajeno a nuestro control, el pozo de barro seguramente acaparará nuestra atención.

Sólo una cosa es segura. No existe ningún atajo para evitar el doloroso y fastidioso lodazal. Pero por muy desalentador que esto pueda parecer, usted tiene una opción. Cuando uno se encuentra pataleando y zarandeándose en los barrizales de la vida, puede decidir reflexionar en la pregunta "¿por qué?", o puede preguntarse "¿y ahora qué?" y examinar las opciones que tiene cuando se encuentra cegado por el dolor. Bien puede permanecer en un pozo de barro sin esperanza y abrumador, solo y desesperado, o bien puede aceptar que le echen una mano y salir de allí.

En este libro le contaré mi historia. En realidad, la historia se ha ampliado para incluir una batalla contra el cáncer y otras sorpresas no deseadas.

Siendo una mujer joven sorprendida por la tragedia, fui liberada y sanada gracias a mi profunda fe en Dios. Mi fe se estableció hace mucho tiempo escuchando la Palabra de Dios. No sólo leyéndola, sino también escuchándola con entendimiento espiritual. La Palabra de Dios está llena de promesas y provisiones para todos los miembros de su familia. Nuestro deber, como Sus hijos, es creerle a Dios, confiando en Su Palabra como nuestra última fuente de verdad.

Introducción

Esta Escritura es un ejemplo perfecto de la seguridad que Dios nos da como Sus hijos.

> *Cuando pases por las aguas, yo estaré contigo; y si por los ríos, no te anegarán. Cuando pases por el fuego, no te quemarás ni la llama arderá en ti. (Isaías 43:2)*

Le aseguro que soy una persona común y corriente, pero encontré una fuerza extraordinaria para salir del pozo de lodo que me debilitaba. Mi propia clave de la victoria se basa en la verdad de la Santa Palabra de Dios, una llave que está disponible para todo aquel que decida utilizarla.

Si decide agarrarla, esta llave le abrirá todo un universo de sabiduría, y toda una vida de esperanza y sanidad. Su mensaje es eterno y trasciende las fronteras culturales y religiosas, porque se basa en la pura e infalible Palabra de Dios.

Capítulo uno:
El amor exige sacrificio

"Todo lo sufre, todo lo cree, todo lo espera, todo lo soporta."
1 Corintios 13: 7

Con cuidado, puse un pie delante del otro y me dirigí a la parte delantera de la gran aula. Tenía las manos húmedas y me temblaban las rodillas, pero seguí avanzando. Llevaba semanas memorizando el pasaje, frase por frase, línea por línea, hasta que prácticamente podía recitarlo dormida.

Allí estaba yo, una chica bajita, tímida y escuálida. No era nada especial. Los otros niños se burlaban de mí sin piedad, llamándome chiquitina o camarón. Constantemente me sentía fracasada y luchaba con sentimientos de ineptitud hasta el punto de sentirme físicamente enferma en ocasiones. Los dolores de estómago eran habituales en mi juventud. No puedo contar las veces que acabé en la enfermería del colegio pidiendo irme a casa porque me dolía la pancita.

De todos modos, en aquel momento no importaba que estuviera muerta de miedo. Ser tímida ni siquiera era lo suficiente para detenerme. Estaba decidida. Sólo tenía diez años y estaba a punto de ponerme delante de una audiencia de adultos y compañeros para recitar todo el capítulo 23 del libro de los Salmos, pero sorprendentemente parecía haber una fuerza más fuerte que me impulsaba a seguir adelante. Fue pura determinación y la fuerza de Dios lo que me empujó más allá del miedo, a un lugar en el que nunca antes había estado.

Ese año, la marea había empezado a cambiar y mi autoestima comenzaba a mejorar. Cuanto más leía y estudiaba la Biblia, más fuerte me sentía por dentro. La voz de Dios resonaba a través de Su Palabra escrita, remplazando mis miedos y anulando las mentiras tácitas de que yo no valía nada. Mi temprana fe simplemente se apoderaba de lo que estudiaba y, como un perro pitbull, se aferraba tenazmente. Aunque era joven, sabía lo suficiente para mantenerme firme ante la duda.

Finalmente, llegué a la parte delantera del auditorio, me giré y me dirigí a la multitud. La mayoría de los rostros que tenía delante me resultaban familiares, pero me hicieron sentirme algo intimidada. Presa del miedo, sólo podía mirar mis pies. Después de lo que me pareció una eternidad, me apresuré a susurrar una oración: " Amado Dios... ayúdame".

Respiré hondo, levanté la cabeza y empecé. " Jehová es mi pastor. Nada me faltará". Al principio, mi voz

Capítulo uno: El amor exige sacrificio

se quebraba y sonaba débil, pero con cada frase ganaba impulso. Continué.

En lugares de delicados pastos me hará descansar; junto a aguas de reposo me pastoreará. Confortará mi alma. Me guiará por sendas de justicia por amor de su nombre. Aunque ande en valle de sombra de muerte, no temeré mal alguno, porque tú estarás conmigo; tu vara y tu cayado me infundirán aliento. Aderezas mesa delante de mí en presencia de mis angustiadores; unges mi cabeza con aceite; mi copa está rebosando. Ciertamente, el bien y la misericordia me seguirán todos los días de mi vida, y en la casa de Jehová moraré por largos días. (Salmo 23)

Al pronunciar la última línea, una sonrisa de alivio se abrió paso en mi rostro. ¡Lo había logrado!

20 años después, en Irvine, California

Mi hija Erin Joy, que entonces tenía tres meses, estaba hambrienta y cansada. Yo sólo estaba cansada. Mi cuerpo se hundió en el sillón reclinable del salón. Siendo madre de tres hijos, la rutina era algo natural para mí. Me senté con los pies en alto y me relajé mientras amamantaba a mi bebé. Pensé en mi séptimo mes de embarazo, cuando me diagnosticaron preeclampsia, que puede ser muy peligroso para la madre y el bebé. Mi cuerpo pretendía empezar el proceso de parto antes de tiempo. Así que mi obstetra me ordenó reposo absoluto.

Era menudita, sólo medía 1,65 m y cargaba con unos 18 kilos de peso propio de bebé. Imagínese cómo me balanceaba por la casa, con los pies y las manos hinchados, casi irreconocibles, además de los continuos síntomas similares a los de la gripe. Era una joven madre premenopáusica de 175 libras, con síndrome premenstrual, náuseas matutinas... ¡cansada, enferma, frustrada, incómoda y extremadamente inquieta! Decir que me sentía desvalida sería quedarse corto. Las horas y los días pasaban y me volvían loca... lo único que podía hacer era esperar... y descansar... e intentar que mi cuerpo no diera a luz a mi precioso bebé demasiado pronto.

El médico dijo que la combinación de reposo y medicamento reduciría las contracciones.

La medicación funcionó, pero me dejó temblorosa e hinchada.

Las horas y los días previos al parto parecían transcurrir a cámara lenta, acentuados por mi estado de aburrimiento absoluto. No podía preparar la cena, ni lavar la ropa, ni llevar a mis hijos al columpio, ni siquiera ir a la iglesia. Al principio pensaba que podría ponerme al día con la lectura, pero rápidamente abandoné esa idea, ya que otro efecto secundario de la medicina era visión borrosa.

Teníamos planes para mudarnos de San Diego al condado de Orange en cuanto naciera el bebé. Mi

Capítulo uno: El amor exige sacrificio

esposo, Rick, había sido nombrado pastor principal de una pequeña iglesia y estábamos ansiosos por mudarnos y comenzar nuestro nuevo cargo. Pero cada vez que me levantaba para empaquetar cajas, las contracciones eran más fuertes. Mi cuerpo me estaba enviando un mensaje claro: "¡Lo lamentarás más tarde si no te acuestas y elevas los pies!".

Me preguntaba cómo iba a empaquetar toda una casa mientras estaba completamente tendida horizontalmente. Poco a poco, caja a caja, descansando entre una y otra y levantando los pies siempre que podía, fui avanzando. La dura prueba duró casi tres meses.

La experiencia pasó de frustrante a humillante. Antes de este embarazo, siempre me había sentido orgullosa de tener una casa limpia y ordenada. Mis hijos estaban siempre bien vestidos y arreglados y la cena estaba preparada y lista para comer en cuanto mi marido entraba por la puerta de casa. Ahora me encontraba atrapada en ese estado delicado y apenas podía preparar el desayuno de los niños antes de que me vinieran las contracciones.

Me sentí como si estuviera compitiendo en un concurso para ver lo rápido que podía terminar una tarea antes de que el dolor me obligara a recostarme. A la hora de almorzar, reñíamos otra vez. Mi oponente era el reloj. Era una prueba de velocidad que agotaba cada pizca de energía que me quedaba. Simples rutinas se volvían abrumadoras.

Estaré eternamente agradecida a los queridos amigos y familiares que nos rescataron. Después de mudarnos, no sabría en cuál caja estaba la tostadora, pero empaquetamos toda la casa justo a tiempo. Una semana después de que naciera Erin Joy, nos despedimos del lugar que habíamos llamado hogar durante los cinco años anteriores, de nuestro vecindario y de nuestra querida familia de la iglesia.

Tres meses después nos habíamos instalado en nuestro nuevo puesto y para comenzar un nuevo capítulo en nuestra vida. En nuestra casa de alquiler se oían los sonidos familiares de los niños jugando. Krista, de 5 años, podía entretenerse sola por horas. Sus coletitas rubias y sus mejillas sonrosadas que pedían ser pellizcadas cautivaban el corazón de cualquiera. Le encantaba jugar a las casitas y a menudo lo hacía con su hermano o con cualquier criatura dispuesta a ello. Un día en particular, fue con su amigo Andy.

"Yo seré la mamá y tú serás el papá", le dijo con su sonrisa contagiosa.

"¿Qué tal si preparo algo de cenar? ¿Tienes hambre?" Su voz entonaba la pregunta como si fuera una canción.

Pero lo que verdaderamente tocaba las cuerdas sensibles de mi corazón eran cuando cantaba alegremente por las mañanas: "Cristo me ama, bien lo sé. Su Palabra me hace ver...".

Nuestro primogénito, Nathan, era muy listo. Nos enteramos que era diferente de la mayoría de los niños de su edad cuando su maestra de preescolar nos informó: "Nathan puede leer todos los meses del año en el calendario y puede deletrear los días de la semana".

Me sorprendió aún más descubrir que reconocía el nombre de todos los alumnos de la clase. Su profesora nos contó que cada semana se elegía a un alumno diferente para ser el líder de fila. Más de la mitad de las veces, cuando la profesora señalaba el nombre de un alumno, Nathan hablaba y le decía: "Oye... ése es tu nombre".

A menudo, su ingenio nos tomaba desprevenidos. Una vez, cuando estábamos acostando a Nathan y Krista, Rick bajó la cobija y descubrió el nombre de KRISTA escrito con marcador negro permanente en la sábana de abajo. Rick y yo nos miramos, leyéndonos el pensamiento. Sabíamos que Krista aún no había aprendido a escribir las letras y esta obra de arte era casi perfecta como un libro de texto. Estábamos seguros de quién era el culpable. "¿Quién hizo esto?" preguntó Rick, dirigiendo su mirada a nuestro hijo de cinco años. Nathan se encogió de hombros, señaló despreocupadamente a su hermana y respondió: "Es su nombre, ¿por qué no se lo preguntas a ella?".

***

Erin Joy se estaba quedando dormida. Recosté la cabeza en la almohada, mirando hacia fuera. Era otro día precioso. El cielo azul brillante era el telón de fondo perfecto para los rayos del sol que se colaban por las ramas del árbol que había justo al otro lado de la puerta del patio. Cerré los ojos y disfruté de la belleza de la creación divina. Las madres jóvenes aprendemos muy pronto que estos pequeños momentos para disfrutar de la belleza de la naturaleza son preciosos y hay que atesorarlos. Pueden ser breves pero muy refrescantes.

Esta mañana en particular recibimos a dos invitados: Joey, de 18 meses, y Andy, de 3 años. Nuestros amigos Dave y Debbie Lurker estaban de vacaciones en Hawaii. Me imaginé que si yo cuidaba de sus hijos esta semana, cuando Rick y yo hiciéramos nuestro viaje a Hawaii ellos cuidarían de nuestros tres hijos. Me alegré mucho por ellos, pero ahora lo único que quería era volver a ser nuestra pequeña familia. Me sentía completamente agotada.

Dejando a un lado mis propios sentimientos, me convencí a mí misma y decidí que no iba a ser tan malo. Durante los últimos años de maternidad, desarrollé el refinado arte de la multitarea. Mantuve mi horario diario normal, redoblé mis recetas para la cena y empecé la rutina del baño y de acostarse una hora antes. Pero, hay que reconocerlo, ¡cinco niños menores de siete años, en el mejor de los casos, es una casa llena!

Rick llamó esa tarde. "¿Cómo estás, cariño?", me preguntó. Al oír mi voz cansada, me aseguró que llegaría pronto a casa y que me daría un descanso. Colgamos, pero no sin antes intercambiar nuestro habitual "Te quiero". Me aferré a sus palabras llenas de esperanza como combustible para las siguientes cuatro horas de tareas domésticas y de atender a los niños.

Efectivamente, a las dos en punto, Rick entró por la puerta de atrás y me saludó con una amplia sonrisa. Se agachó y rozó la cabeza de Erin con la mano, inclinándose para darle un cuidadoso beso en la frente. "¿Cómo está el angelito de papá?" susurró. "Mira estos deditos. Mira lo relajada que está... como una muñequita. ¿De qué tiene que preocuparse? Ésa es mi dulce Erin Joy. Sigue adelante y duerme. Todo está bien".

Me miró con orgullo y un brillo en los ojos. No se puede ocultar ese tipo de orgullo y Rick ciertamente no lo intentó. Lenta y deliberadamente se arrodilló junto al sillón reclinable, movió su cuerpo y se inclinó hacia mí para depositar un suave beso en mis labios. Sus besos seguían provocando esos aleteos románticos que me hacían palpitar el corazón, incluso después de casi diez años de matrimonio. Agradecí la agradable sorpresa del afecto. Agotada pero contenta, le devolví la mirada, sonreí y suspiré, dejando caer la cabeza sobre su hombro. Nos rodeó a Erin y a mí con el brazo y nos estrechó en un acogedor abrazo. "Eres un buen padre", susurré.

Rick se preocupaba de pasar tiempo a solas con cada niño. Había puesto en práctica este plan hacía unos años, cuando Krista era muy pequeña, porque quería que pasaran tiempo a solas con papá de forma habitual. Esto era algo muy importante en nuestra casa y con cada "cita" aumentaba la expectativa. A veces era un almuerzo en McDonald's, otras una excursión a la playa para construir un castillo de arena. Pero cada vez, ya fueran 30 minutos o dos horas, la espera valía la pena. Llegaban a casa rebosantes de emoción, ansiosos por contarme todos los detalles. Les encantaba la idea de esos momentos juntos, "¡solo papá y yo!"

Ese día, Nathan iba a regresar del colegio en par de horas, Joey estaba durmiendo la siesta y Andy y Krista estaban jugando en el piso de arriba. Como Erin Joy ya había comido, estaba contenta y dormida, Rick y yo pasamos un rato juntos en el sofá. Era uno de esos raros y preciados momentos en los que nos encontrábamos solos, y el ambiente en la casa estaba relativamente tranquilo. Así que hablamos.

"¿Te he dicho hoy lo guapa que eres?". Rick comenzó. Sabía que me estaba preparando para algo. En ese momento todavía cargaba con algunas libritas en sobrepeso, muy cómoda en mi camiseta y mahones sutilmente decorados con manchitas de saliva de bebé. No había tiempo para maquillaje ni para cuidar del cabello.

Su amigo y colega Dwight Westover iba a dar una charla en Bakersfield al día siguiente sobre el tema de Alcance en los Campus Universitarios. Dwight lo invitó a venir para apoyarlo, especialmente porque Rick tenía experiencia personal de haber iniciado un ministerio universitario en la Universidad Estatal de San Diego.

Dwight trabajaba en la sede de la denominación como director Distrital de Ministerios Juveniles. Su trabajo consistía en dirigir y supervisar a todos los ministros de jóvenes en el área del sur de California. Ya que Rick había trabajado como pastor de jóvenes durante ocho de sus diez años en el ministerio, él y Dwight se conocían muy bien. La mayor parte de sus carreras estuvieron separados por cierta distancia, la oficina de Dwight en Orange County y la de Rick en San Diego. Ahora, por primera vez en años, podrían reunirse para almorzar, intercambiar ideas juntos sobre asuntos del ministerio y simplemente pasar un buen rato juntos. Desde que nos habíamos mudado a Irvine, estaban a pocos minutos de distancia.

Fiel a su carácter, Rick reveló cuidadosamente su plan de volar a la conferencia en un avión alquilado más tarde esa noche. Pensó que, si volaban temprano por la mañana, probablemente se encontrarían con un tiempo lluvioso y se arriesgarían a llegar tarde, pero si volaban esa noche y se quedaban en un hotel estarían bien descansados y no tan apurados de tiempo para llegar al desayuno.

"Es que creo que tiene más sentido ir esta noche que tener que levantarse a las tantas de la mañana", se defendió, percibiendo mis dudas.

Todo esto constituía un argumento convincente, tenía que admitirlo. Lo que yo no sabía era que Rick y Dwight llevaban semanas hablando de "ir a volar", pero nunca había funcionado. Desde que era pequeño, a Rick le fascinaban los aviones pequeños y no podía resistirse a la oportunidad de explorar de cerca una cabina.

"Si salimos esta noche después que los niños estén en la cama, entonces sólo tendrás la mitad del día de mañana sola... y yo estaré de vuelta a la hora de cenar"

Él siempre fue muy convincente. A veces pensaba que debería haber sido abogado en vez de pastor. Lo único que le frenaba era mi mirada de angustia. Podía ver cómo estudiaba mis ojos en busca de un destello de apoyo. Él sabía que yo había pasado los últimos cuatro días con cinco niños y que aún no había dormido bien desde antes de que naciera Erin.

A su vez yo estudiaba sus ojos y observaba su rostro mientras se debatía con la decisión. Seguramente se preguntaba: ¿sigo la pasión por mi trabajo y me dejo llevar por la emoción de un viaje en avioneta, o acepto mis responsabilidades como padre y marido y me quedo en casa?

Mientras tanto, yo le daba vueltas al asunto e intentaba imaginar cómo podría mi Rick tener lo mejor de ambos mundos. Nuestro amor ya había superado tantas pruebas. Me parecía que esta era otra prueba más.

"Dwight ha estado comprobando las condiciones meteorológicas y no volaría a menos que fuera seguro", interrumpió mis pensamientos.

En ese instante, me di cuenta de que Dwight era el piloto. En medio de la mudanza, la adaptación al nuevo puesto pastoral, los pañales sucios y las comidas, recuerdo ligeramente que Rick me dijo que Dwight acababa de terminar su aprendizaje y que ahora era un piloto de pleno derecho. De repente, este dato me inquietó y sentí que se me revolvía el estómago.

Luché en silencio, discutiendo conmigo misma. ¿Qué clase de esposa eres si sólo eres feliz cuando él está en casa contigo? Él tiene un ministerio y los planes de Dios no pueden llevarse a cabo si él está de niñero.

Tal vez deberías tratar de apoyarlo y dejar de ser tan egoísta.

El pozo del conflicto en mi corazón y en mi mente estaba hirviendo.

Muchas esposas se quedan en casa con los niños mientras su marido está en viaje de negocios. Cuando vuelve a casa, probablemente me trae un pequeño regalo, una muestra de su amor y afecto. Entonces me sentiré muy culpable por sentirme así. Son sólo unas horas. No debería darle tanta importancia.

Mi confianza en el buen juicio de Rick se sobrepuso a mis preocupaciones aquella tarde, así que le di mi bendición para ir, disimulando mis reservas. ¿Cómo iba a decirle que no? Iría con o sin mi bendición, pero, por supuesto, era lo suficientemente inteligente como para pedirla, y se lo agradecía. "Volveré mañana por la tarde", dijo con una sonrisa, "y entonces tú y yo saldremos. Ya tengo una niñera. Estaremos los dos solos".

Los Lurkers iban a llegar pronto para recoger a sus hijos. Intenté convencerme de que la vida se calmaría, mis emociones se estabilizarían y no me sentiría tan abandonada.

Rick me conocía bien y percibió con precisión mi conflicto. Una hora más tarde me sugirió una idea para facilitarme las cosas. Sabía que no me gustaba estar sola en un barrio nuevo, en una casa grande y con tres niños pequeños. Mientras escuchaba, oí su esfuerzo por allanarme el camino y fue bastante creativo. Invitó a Ruth, la mujer de Dwight, a quedarse conmigo. Así fue, que organizó una fiesta de pijamas a la vieja moda. Me sentí un poco tonta, pero también extrañamente aliviada.

Como si nada, a las cuatro de la tarde me quitó al bebé y me dijo: "Vale, vete. Vete un par de horas. Ve a comer algo, de compras o lo que quieras. Tómate un descanso de la casa por un tiempo. Yo me ocuparé de los niños. Cuando vuelvas, nos prepararemos para el estudio de Biblia en la iglesia. Después de eso, voy a acostar a los niños y luego me iré a

Bakersfield. Volveré antes de que me eches de menos".

Rick y yo nos tomamos un poco más de tiempo juntos antes de despedirnos. Fue bueno sentir sus brazos a mi alrededor. Recosté mi cabeza en su pecho y apreté mi cuerpo contra el suyo. Este era mi hogar. Allí mismo, en sus brazos, estaba mi lugar seguro. Respiré hondo y le di un apretón extra. Me sentí como un pájaro al que dejan salir de su jaula. El nudo que tenía en el estómago se deshacía. Estaba tan feliz de ser libre, aunque solo fuera por unas horas.

Capítulo uno: El amor exige sacrificio 19

Me relajé tanto como esperaba paseando por una tienda local, ojeando la colección de baratijas, regalos y adornos para el hogar. Pasé las dos horas siguientes a solas con mis pensamientos. Bueno, Dios también estaba allí, por supuesto. Charlamos sobre algunas ideas durante una cena rápida.

Tras pasar años leyendo la Palabra de Dios y horas en meditación y oración, yo había desarrollado una relación íntima con Dios a través de su Espíritu. La Biblia lo llama "maestro, guía y consolador". Cuando paso tiempo a solas meditando sobre lo que dice la Palabra de Dios y lo que sé que es verdad en mi vida y en mi ministerio, la voz de Dios guía mis pensamientos.

Mientras masticaba felizmente mis papas fritas, naturalmente comencé una conversación interna con Dios.

Te encanta tu papel de esposa y madre.

Es verdad. Pero estaba realmente agotada y no tenía corazón para decirle a mi marido que le necesitaba más que aquellos pastores de Bakersfield.

Estás muy orgullosa de él.

Sí, estoy orgullosa de él. Mira todo lo que ha logrado. El año pasado cumplió 33 años y se convirtió en el pastor principal de una pequeña iglesia en una creciente comunidad de clase media en el corazón del Condado de Orange. Fue nuestro sueño ministerial, ¡hecho realidad!

Has crecido juntamente con este hombre.

Éramos unos críos cuando nos casamos: él tenía 23 años y yo 21. Ahora, 10 años después, nuestra casa estaba llena de los sonidos de una familia creciente y saludable y nuestros días dedicados al ministerio y al servicio a Dios.

Para nosotros, el ministerio siempre había sido nuestro estilo de vida y nuestra casa siempre tenía las puertas abiertas. Cuando preparaba la cena, nunca podía estar segura de cuántas bocas iba a alimentar. En cualquier momento podía aparecer un invitado inesperado. Era muy común que jóvenes universitarios se quedaran alrededor de Rick, escuchando cada una de sus palabras. Iban a la gasolinera con él y hacían otros recados con él sólo para pasar más tiempo escuchando sus pensamientos e ideas sobre la plantación de iglesias o el discipulado. Y si estaban cerca a la hora de la cena, naturalmente, ponía otro plato.

¿Por qué tengo que compartirlo a él? ¿No podría él ser más ordinario? ¿Por qué no puede contentarse con quedarse en casa y preparar los sermones para el domingo? Que viajen otros ministros y hablen e inspiren a los estudiantes. ¿Acaso tiene que ser mi marido?

Cuanto más preguntaba, más se formaba una imagen en mi mente. Al principio era borrosa, pero pronto tomó forma. Dios me había dado un hombre apasionado y maravilloso. Era un marido cariñoso y un padre atento, comprometido a satisfacer las necesidades de su familia. Sin embargo, Dios también lo había escogido para ser un joven y audaz predicador que conmovía los corazones y encendía llamas en medio de las viejas tradiciones de la iglesia. A pesar de lo difícil que era compartirlo y aceptar al hombre de Dios que se estaba desarrollando en él, sabía que no sería feliz con nada menos.

La tierna voz de Dios atravesó mis pensamientos. *"Yo soy tu Pastor, ¿recuerdas? Yo soy el Pastor de Rick también. Me entregaste tu vida hace muchos años".*

Las palabras del conocido Salmo 23 destellaron en mi mente. "El Señor es mi pastor, nada me faltará. En lugares de delicados pastos me hará descansar..."

Una dulce seguridad llenó mi corazón, como si el Señor me decía: *"Ahora debes confiar en mí, hija mía. Te conozco; conozco a Rick. Y los entregué el uno al otro sabiendo que ambos necesitaban a alguien a quien amar y apreciar y apoyar a través de esta vida de servicio a mí. Yo soy Tu Pastor y siempre te guiaré, aun cuando sea difícil. Tú debes ocuparte de tu trabajo y yo haré el mío".*

Sintiéndome convicta y avergonzada, oré en voz alta cuando volví a mi coche: "Oh, Dios, por favor, perdóname. Me siento avergonzada de mí misma y totalmente egoísta. Ayúdame a ser la esposa que él necesita que sea. Y a ser la esposa para lo que me has preparado. Dame la fuerza que necesito para permanecer a su lado. A veces me siento como si estuviera corriendo para seguirle el paso a él. Necesito que me muestres, que me enseñes, que de alguna manera suplas lo que me falta. Mi corazón desea confiar más en Ti. Ayúdame a rendirme a Tu voluntad y a renunciar a la mía". Mi corazón se sintió mucho más ligero cuando regresé a casa para saludar a mi dulce familia.

Esa noche, después del estudio bíblico, Rick acostó a los niños uno por uno, tal como lo había prometido. Desde mi butaca en el piso de abajo, podía oír las risitas mientras hacía cosquillas y jugaba con los dos mayores. Luego, su voz profunda y cálida se suavizaba mientras los guiaba en sus oraciones, primero con Nathan y luego con Krista. El apreciado ritual nocturno continuó mientras se tomaba el tiempo de besar y abrazar a cada uno. Volviéndose hacia la puerta, Rick llamó por encima del hombro: "¡Buenas noches! Los quiero".

Las vocecitas agudas y ruidosas resonaban mientras él cerraba la puerta, con cuidado de dejarla abierta sólo un poquito.

"Buenas noches, papi. Buenas noches, papito. Te quiero. Yo también te quiero".

Bajó las escaleras con la maleta en la mano y con paso ágil. Yo tuve que alcanzarlo en movimiento para darle un último beso de despedida. Mi Rick, de pelo castaño oscuro y 1,70 m de estatura, parado ante mí en la puerta, entusiasmado por salir. Había un brillo familiar en sus profundos ojos castaños. Se detuvo el tiempo suficiente para sostener mi cara entre sus manos mientras me daba un tierno beso en los labios. "Gracias, cariño. Gracias por dejarme ir. Y no te preocupes. Estaré en casa antes de que te des cuenta". Sus labios rozaron los míos una vez más.

Estaba claro para mí que sólo la idea del viaje era muy emocionante para él. Mientras le veía recoger sus cosas, me oí decirle: "Pásalo bien. Sé que te divertirás".

Cerré la puerta tras él y disfruté de la dulzura de esa despedida. No tenía motivos para sospechar que aquel breve viaje de ministerio pondría en marcha una serie de acontecimientos que cambiarían mi vida para siempre.

Capítulo dos:
Volar por fe

Cuando vengan las tribulaciones mi corazón dirá, "Alza vuelo mi alma, sobre alas de fe."

Cuando llegaron Ruth, la esposa de Dwight, y Michelle, su hija de dos años, subimos las maletas y las acomodamos. Entonces, Ruth soltó una pregunta que me hizo retroceder unos diez años.

"Dime, ¿cómo se conocieron Rick y tú?".

"Muy bien", dije, colocándome en el borde de la cama. "Esto puede tardar un rato. Sólo detenme cuando hayas aguantado lo suficiente".

Recién salido del colegio, me matriculé en el Southern California College, una universidad privada cristiana. Traía todo el dinero que había ahorrado, además de una beca de música, e ingenuamente entré en el mundo de la vida universitaria. Estaba muy ilusionada por experimentar todo lo que la vida universitaria podía ofrecer, incluso muchas actividades sociales.

Había partidos de béisbol, conciertos, estudios bíblicos, pequeñas reuniones y fiestas en los dormitorios para todas las ocasiones. La mayoría de los jóvenes del campus aprovechaban cualquier oportunidad para salir con alguien. Y aunque era común que algunas chicas asistieran a la universidad sólo con el propósito de "cazar" un marido, yo no conocía a ninguna universitaria que no tuviera la más mínima esperanza de conocer a su príncipe azul en la universidad.

Personalmente, no estaba segura de cuál era el plan de Dios para mi vida, así que traté de permanecer abierta a las posibilidades del ministerio y disfruté explorando opciones futuras de todo tipo, incluyendo el matrimonio. Mis obligaciones en el trabajo, la escuela, los ensayos musicales, la práctica de canto y piano me mantenían ocupada y me dejaban poco tiempo para las citas, así que tenía que ser creativa.

La mayoría de los chicos con los que salía eran compañeros de clase o de alguno de mis grupos de música. Durante los dos primeros años de universidad, mis citas consistían en encuentros amistosos e informales. Salir a comer, ir a un concierto, ir de compras o pasear por el malecón de la playa eran cosas típicas.

Quizá fue entonces cuando empezó a forjarse mi reputación de chica difícil de atrapar. Eso decían los rumores. Pero, en mi defensa, no había nadie que me conquistara.

¿Por qué iba a comprometerme con un solo chico? Incluso los que se pusieron serios no duraron mucho.

Era finales de agosto, justo antes de mi tercer año, un día típico en el sur de California: el sol estaba radiante y la mayoría de los jóvenes preferían estar en la playa que trabajando en una oficina. En cuanto a mí... estaba agradecida de tener un trabajo en el campus como recepcionista. Recibí una llamada y, al contestar, se me hundió el estómago al ver que mi ex novio y un joven alto y moreno entraban en el edificio a menos de tres metros de mi mesa. Tras la llamada, levanté la vista y, con toda la compostura que pude reunir, di la bienvenida a Patrick y Rick. Patrick me saludó, sonrió cortésmente mientras presentaba al "nuevo estudiante misionero" añadiendo que le iba a dar una gira por el campus. Después de una breve charla, salieron por la puerta del vestíbulo.

Entonces, una noche del otoño de mi penúltimo año, coincidiendo con el cambio de las hojas de los árboles, llegó una agradable sorpresa que cambió mi vida personal. Mi amiga Patty estaba cantando en un concierto en una iglesia local y me animó a ir. Los "New Life Singers" estaban haciendo una audición para nuevos talentos y Pat estaba empeñada en meterme en el grupo para poder viajar y cantar juntas.

"Creo que te gustará nuestro estilo. Encajarías perfectamente, lo sé. Al menos ven a escucharnos". Su carnada me estaba atrayendo.

"Y... quiero que conozcas a Rick, el chico nuevo del grupo. ¿Por favor?"

"Ya lo conozco", le respondí, pero eso no importaba. Estaba claro que no iba a rendirse.

"¡VALE!" A regañadientes accedí.

Sonaba divertido, pero no estaba segura de participar en otro grupo. "Pero bueno", pensé, "quizá este grupo tenga mejor liderazgo y más oportunidades. Soy Licenciada en Música después de todo, así que estar en un grupo más avanzado era probablemente un buen paso en mi carrera." No le dije a Pat lo que estaba pensando. Simplemente acepté ir.

Pat lo tenía todo planeado. Me enamoraría del grupo o del chico nuevo, o de ambos, y haría la audición en el acto. El resto sería historia.

Cuando llegué, encontré unos amigos con quienes sentarme y no tardé en ver al atractivo grupo subiendo a la plataforma después de que anunciaran su nombre. El lugar estaba abarrotado, pero yo tenía un asiento enfrente y en el centro para poder evaluar al grupo y al alto y guapo chico misionero de pelo castaño que había conocido en el vestíbulo del colegio.

Cautivaron mi atención desde la primera canción. Cantaban con precisión y estilo y su musicalidad era impecable. Pero lo que más me llamó la atención era su amor por el Señor, perfectamente expresado. Cada miembro del grupo reflejaba un profundo amor

Capítulo dos: Volar por fe

por Dios. Fui testigo de esa pasión y profunda fe mientras cantaban y compartían con el corazón. Me sentí impresionada e inspirada. Y Rick, ¡con su rica voz de barítono! ¡Wow! Cuando se acercó al micrófono para su solo, salió esa voz profunda y aterciopelada que derritió mi corazón. "Después del concierto, le pregunté discretamente a Pat: "¿Está saliendo con alguien?". "No", me dijo guiñándome un ojo.

Antes de que pudiera responder, Rick Petersen en persona se acercó y nos saludó. Nos miramos y sonreímos amablemente. Luego nos invitó a comer algo con un grupo de amigos suyos. El director del grupo no permitió audiciones esa noche, pero seguí explorando la posibilidad en mi mente.

Dentro del restaurante no quedaban asientos cerca de Rick, pero me conformé con la vista desde mi asiento. Podía observarle desde el otro extremo de la larga mesa sin que resultara evidente. Estaba seguro de sí mismo y se comportaba con un sentido de propósito que sobrepasaba su edad. También me di cuenta de que casi siempre era el centro de atención. No porque él lo exigiera, sino porque todos los demás querían escuchar a Rick.

Tenía un sentido de humor agudo, que mantenía a todos entretenidos, y sintonizaba con el grupo como nadie que yo hubiera conocido. A los callados, les sacaba de sus casillas. A los bulliciosos, los calmaba.

Todos parecían sentirse cómodos con él, incluso yo, lo cual era sorprendente. No quería admitir que había despertado algunas de mis viejas inseguridades. Me costaba creer que alguien tan inteligente y con tanto talento se interesara por mí. Al fin y al cabo, yo no era más que una chica tímida y escuálida que tenía que esforzarse al máximo para sacar buenas notas. ¿Y Rick? Bueno, por lo que yo sabía, era un estudiante seguro de sí mismo, que hablaba bien, que sacaba buenas notas, que tenía un talento increíble y que hacía amigos con facilidad.

Olvídalo, Catherine, pensé, está fuera de tu alcance.

En los días siguientes al concierto, sentí como si una fuerza magnética me atrajera hacia él. Dondequiera que iba, allí estaba él. Iba a comer a la cafetería y allí estaba él, saludándome con una cálida sonrisa. No estaba muy segura de si eso era coquetear. En realidad, no eran las palabras, sino la manera en la cual se presentaba lo que me contagiaba.

Por aquel entonces, yo trabajaba de recepcionista en la oficina principal de la universidad. Y adivina quién entró por casualidad en la oficina, pasando por delante de mi mesa en numerosas ocasiones. Era Rick.

"Hola. Te recuerdo del concierto. ¿Cómo estás hoy?" Me preguntó con su voz profunda y cálida.

Pasó por aquí en más de una ocasión después de eso, y siempre se las arreglaba para decir algo encantador. Nunca fallaba.

"¿Ya llegó el correo?" preguntaba Rick sonriendo, a veces coqueteando de forma evidente y otras de forma más sutil. Cuando se alejaba, yo quería tomarme el pulso para ver a qué velocidad se me aceleraba el corazón.

Para entonces, ya tenía suficiente experiencia con los chicos como para saber cuándo uno estaba flirteando conmigo. Sospechaba que Rick estaba más que ligeramente interesado. Intentaba mantener la calma cada vez que lo veía, pero mi estómago daba volteretas y me molestaba que mi cara se sonrojara, traicionando mis verdaderos sentimientos. No podía escapar de él, aunque quisiera. Por fin, tras varias semanas de encuentros casuales, me invitó a salir. "¿Tienes algo planeado para el viernes por la noche?", me preguntó. "¿Te gustaría salir después de cenar, quizá a tomar el postre?".

Este era el momento que había esperado en secreto. Sólo había un problema. "El viernes por la noche tengo ensayo", tartamudeé. "El grupo con el que viajo tiene ensayo el viernes por la noche".

Rick se lo pensó un momento y luego, con un brillo en los ojos, dijo: "Bueno, si quieres, podemos ir más tarde, después del ensayo".

Sonriendo, levanté las cejas, sorprendida. Me impresionó su tenacidad. Quedamos en vernos en el vestíbulo de la residencia a las 7.45.

Durante todo el ensayo, intenté mantener la calma, pero la curiosidad y la intriga me tenían prendada. Me estaban atrayendo. A medida que el ensayo se alargaba, empecé a sentirme dividida entre mi compromiso con el grupo y el deseo de salir con Rick. A las 8:00, me debatía entre irme pronto o quedarme y poner en peligro mi oportunidad de salir con Rick.

A las 8:30 p.m. Rick me sorprendió apareciendo por la parte de atrás del auditorio, guapísimo y vestido con unos elegantes pantalones vaqueros y una chaqueta de cuero negra. Mi corazón se estremeció al pensar: "Probablemente se esté cansando de esperar, y este ensayo aún no ha terminado. Seguro que quiere dejarlo para otro día.

Me excusé un momento y fui a explicárselo. Él parecía un poco desilusionado, aunque comprensivo. Para mi gran alegría, no quería cancelarlo. Quedamos en seguir con el plan original de salir, a pesar de lo tarde que era. Él volvió a la residencia y yo regresé al ensayo... con una enorme sonrisa y el pulso acelerado.

En cuanto el director pronunció las últimas palabras para despedirnos, corrí hacia los dormitorios con cuidado de entrar despacio por las puertas mientras recuperaba el aliento.

"Temía que mi deseo nunca se hiciera realidad", me dijo, mostrándome una cálida sonrisa. Luego me acompañó rápidamente a su coche y me abrió la puerta del pasajero de su automóvil deportivo Triumph para que me subiera. Todo el tiempo pensaba, *Ok, tranquilízate... no la arruines. Parece demasiado bueno para ser verdad.*

Me llevó a un pequeño y pintoresco restaurante en Laguna llamado The Cottage. Comimos nuestra

Capítulo dos: Volar por fe

tarta y helado, completamente absortos en la conversación. Mientras el reloj avanzaba, escuché sus cuentos sobre su familia, de dónde venía y cómo se hizo cristiano. Me enteré de lo que le había traído al sur de California y, en especial, al Southern California College (ahora Vanguard University). La conversación giró a la vez y él escuchó la misma información sobre mí. Ambos parecíamos estar escuchando con la mente y con el corazón, porque al final de la velada era obvio que nos habíamos enamorado el uno del otro. Y nos enamoramos profundamente.

Dos horas más tarde, aunque era tarde, llegamos a la playa. La noche era fresca pero agradable mientras paseábamos por el paseo de arena hacia el océano. Nuestra conversación fluyó sin esfuerzo mientras observábamos las olas rompiendo contra la orilla. Ambos sabíamos que se acercaba el toque de queda, pero el tiempo no importaba.

Despreocupadamente, subí a una gran roca cercana que me hizo varios centímetros más alta. Cuando me giré para mirarle, estábamos convenientemente frente a frente. No podía ser más perfecto. Los rayos de la luna brillaban sobre el océano, las estrellas resplandecían en el despejado cielo nocturno. Los ojos de Rick buscaban los míos como preguntándome si sentía lo mismo que él. Mi corazón latía con nerviosa anticipación. Nuestras manos se tocaron primero y luego él soltó su agarre y deslizó con cuidado su brazo alrededor de mi cintura mientras se acercaba. El corazón me latía más aceleradamente.

Creo que quiere besarme. ¿Le dejo? Mis pensamientos se aceleraban.

No había mucho tiempo para discutir. El ambiente era demasiado atractivo y la química demasiado poderosa. No podía resistir el impulso de su corazón y yo me sentía demasiado segura y cómoda para impedírselo.

Se acercó sin pedir permiso. Me acarició la cara con la mano y me dio un beso suave y perfecto que perduró mucho más allá de aquella noche. Fue uno de esos besos con los que se comparan todos los demás.

Ruth se mostró intrigada con nuestra historia de amor, pero yo veía que empezaba a apagarse, así que decidimos terminar la historia por la mañana. Además, Ruth estaba en las primeras fases del embarazo y yo me esperaba al menos una lactancia mañanera con Erin, así que irme a la cama era lo más indicado.

Después de echar un vistazo a mis tres pequeños, caí exhausta en la cama con los recuerdos de nuestro joven romance aun rondando por mi cabeza. Apagué la luz, exhalé un suspiro y dejé que los recuerdos se desvanecieran en la oscuridad.

Todo va bien, pensé. Pronto descansaré y tendré más energía.

"Señor, gracias por este día", oré. "Gracias por traerme compañía de "gente adulta". Ahora, tengo una petición muy especial. Necesito dormir. Quiero decir realmente dormir. ¿Podrías ayudar a Erin a dormir cuatro o cinco horas seguidas esta noche, por favor? Sólo dame un bloque sólido de descanso

Capítulo dos: Volar por fe 35

para que mi cuerpo pueda refrescarse un poco. Te lo agradecería mucho. Gracias, Señor. Amén".

Hundí la cabeza en la almohada y minutos después me envolvió un dulce sueño. Los gemidos de un bebé hambriento me sacaron del país de los sueños y me llevaron a la vida real. *Ha sonado mi alarma de despertar*, pensé en silencio. El reloj marcaba las cuatro de la mañana. Al menos se las había arreglado sin mí durante más de cinco horas, no podía quejarme. Era lo que había pedido y susurré mi agradecimiento al Señor.

Me levanté, amamanté a Erin y me metí de nuevo en la cama justo antes de las 5. Parecía que sólo habían pasado cinco minutos cuando mi despertador volvió a sonar. Esta vez no podía volver a la cama a hurtadillas. Tenía que levantar a Nathan, vestirlo, darle de comer y llevarlo al colegio. Estaba realmente agradecida por el sueño extra, pero aun así me quejaba, deseando que llegara el día en que estuviera más descansada. Mentalmente, sabía lo que mi papel de esposa y madre requería, pero físicamente, llevaba el cuerpo a cuestas cada día, poniendo un pie delante del otro.

"Buenos días, cariño. Hora de ir al colegio". Sacudí suavemente a Nathan para que se despertara. Krista se despertó sola. Los mandé al baño de uno en uno y les tendí la ropa, como había hecho tantas veces. Preparé el almuerzo para Nathan, le serví un tazón de cereales y revisé lo que ponía su mochila. Sentía que el día me empujaba. *Lista o no*, la mañana parecía echarme en cara.

El sol brillaba a través de la ventana de la cocina y el cielo era de un azul intenso. Había humedad en el suelo frente a la puerta del patio.

¿Habría llovido? me pregunté. Un poco preocupada, le pregunté a Ruth. "¿Puede la lluvia afectar a las condiciones de vuelo?".

Su respuesta fue tranquila y sencilla. "Un poco de lluvia no es importante".

Satisfecha, me encogí de hombros y seguí preparando a Nathan para ir al colegio. Una vez en camino, le di un pequeño empujón a Krista, le quité el pijama a Erin y le puse ropa de juego.

Al recordar que tenía compañía adulta, me puse un poco de maquillaje y me peiné. Me quité la sudadera y me puse unos jeans y un suéter. El resultado final me pareció mucho más agradable a la vista y más apropiado para hacer frente al día.

La idea de un café recién colado me llevó a la cocina. Preparé una cafetera y me tomé una taza de café acabado de colar mientras preparaba el desayuno. Era un cambio bien recibido en comparación con los días anteriores de cuidar de los niños, y estaba disfrutando de la mañana compartiendo con Ruth. Las niñas comieron rápido y se fueron a jugar.

Hasta el momento, la mañana iba perfectamente. Recé una oración en voz alta.

"Gracias Dios por este hermoso día y este momento especial para disfrutar de esta deliciosa comida con mi amiga. Amén".

Ruth y yo intercambiamos sonrisas mientras disfrutábamos del zumo de naranja, café, huevos revueltos con queso, patatas fritas y magdalenas. Valió la pena el esfuerzo.

"¡Vale, ahora puedes acabar de contarme el famoso romance de los Petersen!". bromeó Ruth.

Capítulo tres:
Cántico en la noche

*"Entonces mi alma entona la canción
Cuán grande es Él Cuán grande es Él"*

Estábamos tomando una segunda taza de café cuando sonó el teléfono. Era Debbie, la secretaria de Dwight en la oficina del distrito. Al otro lado del teléfono Debbie me preguntaba si teníamos noticias de Rick o de Dwight. La pregunta me sorprendió.

"No", respondí lentamente mientras mi mente intentaba comprenderlo. Me contuve antes de seguir adelante. *No te alarmes. Rick diría que siempre adelantas las conclusiones.*

Debbie respondió inmediatamente: "Bueno, no te preocupes. Pero, si te enteras de algo, por favor, llámame".

Entonces recordé que Rick había hablado de un motel. " ¿Qué te parece si chequeamos con el motel?"

Su respuesta fue algo titubeante y demasiado callada. "Ya lo hicimos. No se registraron anoche. No están en el desayuno y el pastor programado para recibirlos en el aeropuerto esperó y nunca aparecieron."

Al instante una corriente de miedo inundó mi cuerpo, mi voz tembló: "Bueno... ¿qué significa eso?".

Ella respondió con más dulzura y suavidad que antes: "Todavía no estamos seguros, pero te llamaremos en cuanto sepamos algo".

Algo me decía que ya había dicho más de lo que debía. Conseguí darle las gracias antes de colgar el auricular. Me giré hacia Ruth, pasmada, y repasé la conversación. Aquella iba a ser la primera de muchas llamadas telefónicas durante siete horas. Siete horas terriblemente largas llenas de preguntas, suposiciones, conjeturas, imaginaciones horribles y más esperas.

Ruth y yo intentamos mantener nuestras mentes y emociones bajo algún tipo de control, pero yo no podía apagar las imágenes de horror que se reproducían una y otra vez en mi mente, como si se repitieran. Las lágrimas seguían derramándose con cada pensamiento y cada información. El pensamiento más agotador de todos era que estaban en algún lugar, muertos. Nadie sabía dónde. Sólo Dios lo sabía. No podíamos hacer otra cosa que esperar.

Yo quería desesperadamente llamar a mi familia para pedirles fuerza, consuelo y aliento.

Pero, como no queríamos perder ni una llamada que pudiera darnos más información sobre el paradero de Rick, no hicimos ninguna llamada. Podía sentir que mi mente y mi cuerpo se debilitaban; me acercaba peligrosamente a la resbaladiza pendiente de la desesperación.

Para entonces, me sentía especialmente agradecida de que Ruth y yo estuviéramos juntas. Al menos nos teníamos la una a la otra para apoyarnos. Oramos instintivamente. Hablábamos con Dios desde el mismo punto de preocupación, medio rogando, medio pidiendo fuerzas. En un momento dado, tomamos una Biblia, nos agarramos nerviosamente de las manos y rezamos juntas.

Ruth leyó en voz alta: "El Señor es mi pastor, nada me falta. En verdes praderas me hace descansar, junto a aguas tranquilas me conduce, restaura mi alma". "Oh, Ruth, léelo otra vez". Supliqué.

Sólo Dios tenía el poder de mantenernos firmes en medio de la pesadilla en la que nos encontrábamos, lo sabíamos instintivamente. Cada cántico, cada escritura que leíamos, parecía alejar el miedo que aumentaba. Era como si una nube negra de tormenta se cerniera sobre nuestras cabezas, con mucha furia, esperando devorarnos con un aguacero fatal. Cada vez que empezábamos a especular sobre el posible desenlace de nuestra situación, cantábamos un himno o leíamos un verso conocido. Buscábamos desesperadamente la paz y el consuelo, aferrándonos literalmente la una a la otra para mantenernos seguras.

Había un principio de fe que resonaba en mi corazón aquel día en la sala de mi casa. La palabra alentadora de Dios nos exhortaba a adorarle. En las Escrituras leíamos frases como éstas: "Inclinaos ante el Señor", "Aclamad al Señor", "Cantad al Señor", "Alegraos siempre en el Señor" y " Exaltad su nombre".

Señor, siempre" y "Exaltad al Señor con salmos, himnos y cánticos espirituales".

No se trata de que Dios necesite reconocimiento o alabanza porque sea egoísta, sino porque nosotros necesitamos alabarle. Cuando Dios se convierte en el centro de nuestra adoración, los problemas y preocupaciones de este mundo dejan de tener el poder de arrastrarnos y destruirnos. El Señor sabe que somos propensos a obsesionarnos con nuestros problemas, retorciéndonos como un pretzel de desaliento, tratando de buscarle sentido a todo. También sabe que cuando desviamos nuestra atención del problema y fijamos nuestros ojos en la fuente de nuestra esperanza, encontramos descanso, paz y una razón para continuar nuestro camino.

Aquel día supe que tenía que volver a centrar mi atención cada diez minutos.

La espera parecía eterna, mientras las dudas seguían apareciendo en mi mente. Estaban muertos o perdidos. Sólo podía convencerme de que estaban perdidos. Quizá estoy exagerando porque ya estoy muy cansada y estresada, me dije. *No conoces suficientes detalles como para llegar a una conclusión*

Capítulo tres: Canción en la noche

definitiva. Ten paciencia. Mantén la cabeza en su sitio.

Ruth y yo decidimos que sería mejor mantenernos ocupadas con las tareas domésticas, en lugar de sentarnos a preocuparnos. Subimos las escaleras y fuimos metódicamente de habitación en habitación arreglando camas y recogiendo ropa.

De repente, mi vista se fijó en la cuna del bebé al pasar junto a la puerta abierta del dormitorio de Erin. Es una imagen que no tiene precio, pensé. Nuestra preciosa niña, durmiendo plácidamente arropada con una pequeña manta rosa. Me recosté en el marco de la puerta y respiré el "olor a bebé" mientras mi mente se remontaba a su nacimiento.

***

Seguí tomando medicamentos las últimas ocho semanas de embarazo. Me costaba mucho dormir. Me sentía inquieta e incómoda la mayor parte del tiempo. Pasaba gran parte del día en el sillón reclinable de la sala, aunque ninguna posición era cómoda.

Finalmente, dos semanas antes de la fecha prevista del parto, el médico me retiró los medicamentos. Inmediatamente me puse de parto y durante una semana tuve contracciones a todas horas. Intenté aliviar el dolor caminando. Pero eso sólo hacía que las dolorosas contracciones fueran más frecuentes y prolongadas, sin ningún progreso. Agotada, caía en la cama, frustrada y agotada. Tras dos falsas alarmas en la sala de partos del hospital, por fin nos dijeron que nos presentáramos. Esta vez sí que venía el bebé.

Obviamente, estábamos nerviosos, pero contábamos con toda la ayuda necesaria. Nuestra amiga Carol nos acompañaría en el parto para poder tomar fotos y Rick estaría libre para ayudarme. Su marido Harold se quedaría con Krista y recogería a Nathan del colegio, antes de llevarlos al hospital.

El parto fue tal y como lo describen los libros de texto. Carol tomó fotos en todo momento y tiró numerosos rollos de película. No escatimó en nada. Cada detalle vívido de este parto está en la película, en todo color.

Rick tenía marcas de rasguños en los brazos donde le arañé durante la fase final del parto. La transición y el parto fueron duros y rápidos, pero gracias a Rick pude controlar mis respiraciones. Me posicionó mirando directamente a sus brillantes ojos marrones y su voz profunda, tranquila y firme me habló. "Mírame. Mírame a los ojos. Nuestro bebé está al llegar. Ya estamos cerca. Puedes hacerlo. Estoy justo aquí. Apriétame el brazo. No pasa nada.

Mira. Respiraré contigo".

Empezó con una respiración profunda y continuó respirando conmigo hasta que terminó la contracción. El monitor le avisó cuando empezaba la siguiente contracción.

Capítulo tres: Canción en la noche

Esto duró aproximadamente una hora hasta que llegó el momento de empujar. En dos horas, de principio a fin, di a luz a nuestra dulce Erin Joy.

Para asegurarme de que tenía tiempo para descansar, Rick dispuso que no recibiera visitas durante los dos días que estuvimos en el hospital. Fue una bendición. Sabía que una vez que llegáramos a casa, tendríamos que empacar las cajas, cerrar las maletas y cargar el camión de la mudanza. Erin y yo tuvimos mucho tiempo para establecer contacto y yo pude dormir unas horas entre alimentación y alimentación, mientras que alguien me traía la comida en una bandeja.

***

El sonido de un coche entrando en la calzada me hizo recordar el terror y la ansiedad que me esperaban. Me acerqué corriendo a la ventana del dormitorio de arriba y vi un coche azul oscuro que no me resultaba familiar. Ruth y yo casi nos tropezamos en el pasillo mientras nos dirigíamos a las escaleras. Al ver al inesperado visitante, el pánico se apoderó de las dos.

Ruth gritó: "¡Dios mío! ¡Es George Wood! ¡Le han enviado para decírnoslo! ¡Lo sé!"

Su mirada de pánico me arrastró. Histéricas, nos agarramos la una a la otra, gritando las ideas que bullían en nuestras cabezas. Tendría sentido que lo enviaran. Era el pastor de Ruth y Dwight y nos conocía muy bien a Rick y a mí. De hecho, el pastor Wood ofició nuestra boda.

Nos apresuramos a bajar las escaleras, todavía abrazadas, con las caras tensas por el miedo. Cuando abrimos la puerta, nos saludó con las manos en alto en señal de rendición.

"No sé más que ustedes", dijo. "Sólo quería venir y estar con ustedes, chicas". Rápidamente, rodeó a Ruth con el brazo izquierdo y a mí con el derecho. El pánico que nos atenazaba se disipó mientras nos aferrábamos a él. No se dio cuenta de que nuestras lágrimas manchaban su camisa.

George, fiel a su corazón de pastor, sugirió que oráramos. Así que, sin dudarlo, unimos nuestras manos formando un pequeño círculo en la sala. Rezó una oración sencilla pero conmovedora, como sabía hacer tan bien, teniendo cuidado de incluir palabras sobre la fortaleza que Dios nos da para atravesar este momento de incertidumbre y miedo.

"Dios, sé nuestra fuente y nuestro consuelo. Sólo tú tienes el poder de sostenernos a través de las tormentas y poner nuestros pies en tierra firme. Nos apoyamos en tus brazos poderosos. Amén".

Después de orar, comparamos notas. Se estaba llevando a cabo una búsqueda exhaustiva en la zona montañosa de Tehachapi, donde el equipo de búsqueda y rescate creía que encontraría algunas respuestas. Los líderes del distrito ministerial no podían darnos detalles hasta que tuvieran noticias oficiales. Aún quedaba la esperanza de encontrar a Dwight y Rick, quizá heridos e incapaces de pedir ayuda por radio.

Poco a poco, el tiempo pasaba y las piezas del rompecabezas iban encajando. Seguíamos esperando. Pronto volvió a sonar el teléfono y, por sugerencia del pastor George, le dejamos contestar. Estábamos tan nerviosos cada vez que sonaba, que aceptar que George fuera el que contestara fue un alivio. No recuerdo qué llamada era, pero recuerdo que sentí como si alguien me hubiera golpeado en la cabeza.

Las palabras de George flotaban en el aire: "¿Tienen helicópteros de rescate en el lugar? Ya veo... Sólo el forense. Ya veo". El resto de sus palabras se entremezclaron y una extraña bruma mental se apoderó de mí. Oí todo lo que necesitaba oír. Incluso después de esa llamada, los oficiales se cuidaron de recordarnos que aún no tenían una identificación absoluta de las "víctimas". Sólo decían que habían encontrado una avioneta que correspondía con la descripción de la que había alquilado Dwight, y que en su interior se habían encontrado dos cadáveres masculinos. Repitiendo: "No se ha hecho una identificación positiva".

¿Exactamente qué se suponía que hiciéramos con eso? ¡Por supuesto que son ellos! ¡Tenían que ser ellos! Esa es la pieza final del rompecabezas. ¿No lo entienden? ¿Por qué no nos lo dijeron sin rodeos? ¿A qué están esperando? Quería gritar.

Sentía que me apretaba mucho el pecho, como si me estuvieran exprimiendo la vida. Me dolía respirar y la cabeza me latía con fuerza. En mi cabeza se arremolinaban pensamientos irracionales.

¿Tal vez debería montarme en el coche y conducir hasta allá? Parecía una locura. Sí, una locura. Así es exactamente como me siento. Como si mi cabeza no estuviera conectada a mi cuerpo. Tal vez haya enloquecido. ¡No sé lo que está pasando!

Amado Padre Celestial, por favor, ayúdame. ¡Siento que voy a reventar! Oh Dios. ¡Te necesito! No puedo hacer esto... ¡No puedo atravesar esta pesadilla sola!

A las 4:00 p.m. confirmaron oficialmente los nombres de las víctimas del accidente según las identificaciones encontradas en el lugar. La cruel verdad finalmente reveló que el vuelo de una hora de Dwight y Rick terminó después de unos 25 minutos cuando se encontraron con lluvia ligera y nubes junto con una corriente de viento fuerte que causó que el avión se estrellara. Al parecer chocó contra las montañas de Tehachapi yendo a toda máquina. El motor aún seguía en marcha cuando los periodistas llegaron al lugar de los hechos para informarse mucho antes de que nos dieran los últimos detalles.

Uno de mis primos llamó a mi madre cuando oyó en las noticias de la noche que se había estrellado una avioneta. No podía creer lo que oía cuando anunciaron por las redes de televisión "víctima, Rick Petersen". Mi madre, conmocionada, me llamó inmediatamente. La conversación fue breve. Le conté los brutales detalles entre sollozos mientras me aseguraba que ella y papá estaban haciendo las maletas y de camino.

Empezaron a llegar más llamadas. "No puedo creer lo que he oído". "Dime que no es verdad". Amigos y

Capítulo tres: Canción en la noche

familiares corrían la voz. No tardó mucho. Entonces me di cuenta de que tenía que ponerme en contacto con los padres de Rick, que eran misioneros en África, y con sus hermanas, en Minnesota. En mi mente rondaba la idea de llamar o telegrafiar a su familia y contárselo. Las cosas y los rostros parecían difuminarse a mi alrededor, pero yo seguía adelante. No podía llamar por teléfono; tenía que cuidar de mis hijos.

El dolor empezó como una especie de puñalada, un golpe desgarrador. Cuando me golpeó, me dejó sin aliento y me hizo sudar frío por todo el cuerpo, saliendo de mis ojos en un torrente de lágrimas. Mi mente intentó desesperadamente aferrarse de algún razonamiento, pero la fría y dura verdad se impuso a todo lo demás.

¿Conoce esa sensación de hundimiento que se siente durante un viaje en montaña rusa? Pues añádale los síntomas de la gripe. Debilidad, malestar estomacal, aturdimiento, sofocos y resfriados. No hay forma de saber cuándo viene. No hay forma de detenerla o prepararse para ella. Simplemente se presenta sin avisar y uno empieza a llorar, debilitándose con cada ola de dolor. En el momento en que uno siente que está bajo control, alguien pregunta: "¿Te has enterado de algo?". O suena el teléfono, y ahí va otra vez.

Era una tortura. Todo en mí quería rechazarlo. Odio esto. Odio cómo me siento. Odiaba lo que estaba pasando. No importaba cuánto me resistiera. Me sentía completamente impotente.

Pastores, amigos y familiares empezaron a llegar. Con la mente nublada, dejé de hacer lo que estaba haciendo para abrazar y llorar con cada uno de ellos mientras intentaban consolarme, y de alguna manera conseguí sacar fuerzas de ellos. Al anochecer nos dimos cuenta de que esto había durado horas.

Un amigo se detuvo y preguntó si habíamos comido. La única razón por la que me sentí obligada a responderle fue porque había otras personas a mi alrededor animándome.

"No, no hemos comido desde el desayuno, y sí, comer sería una buena idea". Admito que empezábamos a sentir los efectos de la terrible experiencia. Era física y emocionalmente agotador.

Se escabulló silenciosamente y más tarde regresó cargado con bandejas de pollo, ensaladas, panecillos y litros de refrescos. El olor a pollo frito cautivó mis sentidos el tiempo suficiente para interesarme en unos bocados. Dimos de comer a los niños y preparamos un plato para nosotros. Los familiares y amigos que nos visitaban se unieron a nosotros mientras permanecíamos sentados, medio aturdidos, mientras la casa seguía llenándose de invitados.

La presión en mi cabeza iba en aumento. *Debe de ser de tanto llorar*, pensé. Me dirigí a

Ruth: "Necesito una aspirina. ¿Y tú?".

"Ah, sí, me parece muy bien", dijo en voz baja. "Me duele mucho la cabeza.

"Ahora vuelvo", susurré y me dirigí al botiquín.

Por primera vez en varias horas, salí de la sala, crucé el grupo de personas presentes y subí las escaleras hasta nuestro dormitorio. Me sentía extrañamente mareada, como si me observara a mí misma desde algún lugar fuera de mi cuerpo.

Nada más entrar en nuestra habitación sentí una curiosa presencia que se intensificó al pasar junto al armario abierto de Rick. Ahí, ahí está.... ¡Otra vez esa sensación de que se me encoge el corazón! Envuelta en un sudor frío, podía sentir el creciente nudo en mi garganta ahogándome lentamente. Rompí a llorar. Cuando llegué al tocador del cuarto de baño, mis manos cayeron de golpe sobre la superficie mientras mi cuerpo temblaba y las rodillas se me doblaban. Era como si una fuerza desconocida me estuviera sacudiendo. No podía verlo ni oírlo, ¡pero lo sentía! Y lo peor era que no tenía control.

Temblaba sin control y apenas podía mantenerme en pie. Paralizada por la pena, olvidé por qué estaba allí de pie. El dolor de cabeza se intensificó mientras lloraba. El dolor de cabeza que me reventaba me regresó a la razón por la cual estaba allí y recordé la aspirina. Al levantar la vista, vi un reflejo en el espejo.

"*Dios mío... ayúdame*", susurré.

Allí, encorvada, había una joven pálida que me miraba fijamente.

"Mírate", exclamé. "Tienes los ojos rojos e hinchados y la cara manchada. Estás hecha un asco. ¿Qué te está pasando? ¡Que alguien la ayude, por favor! Por favor, que alguien rescate a esta pobre, pobre mujer".

Caí de rodillas y grité con un dolor desgarrador: "¡Quiero a mi marido! Por favor. Tráiganmelo".

Sollozando, con la cabeza entre las manos volví a gritar angustiada: "¡Quiero a mi Rick! Por favor vuelve a casa Rick. Esto tiene que ser un error. Por favor, que alguien me diga que no es verdad. Por favor, por favor... ¡no es VERDAD! ¡No puede ser verdad! Oh Dios, ¡por favor ayúdame!"

Capítulo cuatro:
Sobre Tierra Firme

*"Sobre la roca firme estoy
Y solo en Cristo fuerte soy"*

Más que cansada, mi cuerpo estaba exhausto por los sollozos y agotado por la tensión emocional. Aun así, mi mente no se desconectaba y no tenía ningún deseo de volver a la cama. Cada vez que intentaba dormir, acababa soñando con un avión de dos motores humeante, con el casco arrugado e irreconocible. Siempre me despertaba deseando sentir su toque. Me volteaba en la cama con los ojos aún cerrados y empezaba a hacer los movimientos familiares: mis manos se acercaban a él para abrazarlo, pero me encontraba con una sábana fría y vacía.

Por mucho tiempo después de la muerte de Rick, ¡la noche no era bienvenida! Cuando se apagaban las luces y me rendía al sueño, el miedo se colaba en mi habitación. Las imágenes borrosas que se repetían una y otra vez en mi subconsciente me hacían sentir destruida.

En uno de esos sueños, estaba en la cocina preparando la cena y la casa estaba oscura y sombría, llena de familiares y amigos que conversaban profundamente. De repente, se produjo un alboroto en la puerta principal y la gente se mudó para ver a qué venía tanto ruido. Yo estaba al fondo de la sala, esforzándome por ver qué pasaba. Allí, a la luz del sol de la puerta abierta, estaba Rick, sonriendo y saludando a los que le rodeaban.

Alguien preguntó: "¿Dónde has estado todo este tiempo? ¿Por qué no llamaste o escribiste?". Otros lloraban y querían abrazarlo.

Conmocionada y alegre, me abrí paso entre la gente hacia mi amado esposo, el amor de mi vida, a quien echaba mucho de menos. Pero había demasiada gente bloqueando mi camino.

No había forma de llegar hasta él. Agitando los brazos frenéticamente, grité: "¡Rick! Rick....

Cariño... ¡Soy yo! ¡Estoy aquí! ¡Mira aquí atrás!"

Él nunca me vio y nunca hicimos contacto visual.

A veces, en el sueño, me miraba directamente, sonreía y se volvía hacia la luz del sol, perdiéndose de vista. Otras veces, de algún modo llegaba hasta él, aunque siempre era una lucha agotadora que me dejaba débil y frustrada. Extendía los brazos hacia mí, me abrazaba y quizá me daba un beso rápido, mientras mantenía esa sonrisa familiar. Pero nunca era nada más que eso. Y luego, tan rápido como entraba en mi sueño, se iba.

A medida que pasaban los años, los sueños cambiaban. En uno, le pregunté por qué había estado fuera tanto tiempo y dónde había estado. Mi voz se volvió sorprendentemente firme al reprenderle por no llamarme ni ayudarme con los niños.

En otra ocasión, le empujé y le grité: "¡Ya es demasiado tarde! Te necesitaba cuando los niños eran pequeños. Ahora es demasiado tarde. Estoy casada con otra persona. No puedes volver a mi vida como si nada hubiera pasado".

Cada vez me despertaba perturbada por la cruel realidad. El dolor desgarrador de los días anteriores me absorbía y las lágrimas empapaban mi almohada. Mi vida había cambiado para siempre. No podía aferrarme a él, a la vida que compartíamos, a nuestro matrimonio, a nada de ello. Se había ido para siempre.

Mis sueños me sacudían hasta la médula, diciéndome claramente que en algún lugar de mi interior seguía deseando y esperando lo que solía ser. Día tras día, me obligaba a apartar el recuerdo de Rick para poder vivir el presente con una sensación de alegría y paz. Sabía que mis hijos necesitaban a mamá plenamente viva y funcionando en el presente, no en el pasado. Pero, por la noche, cuando se apagaban las luces, emergían mis esperanzas encerradas.

No debería llamarlos sueños, porque sueño es una palabra demasiado bonita. Eran pesadillas.

La dulce caricia o el suave toque de Rick que tan desesperadamente anhelaba no me satisfacían ni un poco.

Y la cruel realidad era que, aunque lo deseara y esperara durante toda la noche, el sol de la mañana seguramente saldría y expondría la pura verdad. "Estaba sola y mi Rick se había ido".

Una noche, después de despertarme de uno de esos sueños atormentadores, decidí permanecer despierta. Sabía que mi mente intentaría inevitablemente filtrar la confusión que se arremolinaba en mi interior si me iba a dormir.

Así que, después de amamantar a Erin y volver a acostarla en la cuna, me puse unas zapatillas, me eché una sudadera sobre los hombros, cogí mi diario y un bolígrafo, y puse la Biblia sobre mi pecho.

"Señor, háblame". recé. "Siento que me hundo... como si fuera una pequeña barca de remos en el vasto océano y una tormenta azotara a mi alrededor. Estoy completamente indefensa. Tengo miedo de dar un paso, aunque sea de puntillas, sin ti, Padre. Tú eres mi ancla, mi única esperanza".

Sentía que se libraba una batalla en mi interior. Mi alma y mi espíritu luchaban por mi atención. Mi alma quería rendirse más que nada para escapar del dolor, el miedo y la desesperación. Pero mi espíritu

Capítulo cuatro: Pisando tierra firme

se mantenía firme. Acepté el reto de la batalla, adoptando una postura contra el peso aplastante.

Desde lo más profundo de mi espíritu, empecé a cantar himnos de alabanza a Dios. Me sorprendió que en mis horas más oscuras de angustia mental y agotamiento físico, mi voz exaltara a Dios. Parecía un poco extraño. Después de todo, ¿cómo podía estar alabando a Dios cuando mi esposo acababa de morir?

Las palabras que venían a mi mente surgiendo de mi espíritu eran fortalecedoras. Cantaba himnos como éste.

Su promesa, Su pacto,

Su sangre me sostiene en la tormenta

Cuando todo alrededor mi alma cede

Él es entonces toda mi esperanza y mi estancia [1]

Así es exactamente como me sentía, como si mi alma estuviera "cediendo", hundiéndose en un profundo abismo de desesperación. En mi mente, me veía remando desesperadamente una barca, batiendo frenéticamente las olas con mis pobres remos, en un vano intento de luchar contra los fuertes vientos y la lluvia torrencial. Entonces, cuando empecé a recitar suavemente la letra del himno, me invadió una calidez inexplicable.

Cantándolo una y otra vez, me perdí en un oasis de consuelo.

Sobre la roca firme estoy

Y solo en Cristo fuerte soy [1]

Corría allí en busca de fuerzas, a todas horas si era necesario, hasta que el fuego del pánico y del miedo se apagaba. Mi alma se aferraba a las palabras de la Escritura, musicalizadas con cantos e himnos. En medio de mi dolor y sufrimiento, descubrí que lo que más necesitaba era el consuelo de mi Señor.

Uno de mis autores favoritos, el pastor Chuck Swindoll, explica muy bien lo que es el sufrimiento.

> *El sufrimiento revela nuestra condición de creatura. No todos somos sabios ni tenemos una fuerza infinita. Pero Dios sí lo es. Y lo necesitamos - fuimos creados para necesitarlo. Desesperadamente. A veces hace falta llegar al final de uno mismo para verlo. Dios lo sabe. Necesitamos tomar todo lo que fuimos, todo lo que somos y todo lo que alguna vez esperamos ser y simplemente ponerlo todo en las manos cicatrizadas por los clavos de nuestro amoroso Señor. Y apoyarnos con ahínco en Su Palabra.* [2]

Y eso fue exactamente lo que hice. Uno de los primeros pasajes de la Biblia en el que me apoyé con todas mis fuerzas fue Romanos 8:26,

> *Y de igual manera el Espíritu nos ayuda en nuestra debilidad; pues qué hemos de pedir como conviene, no lo sabemos, pero*

Capítulo cuatro: Pisando tierra firme

el Espíritu mismo intercede por nosotros con gemidos indecibles.

Cuando leí estas palabras, comprendí que hay ayuda para los débiles. Yo me encontraba en una situación de debilidad y, en mi quebranto, no tenía ni idea de cómo orar. Luchaba por encontrar palabras que tuvieran algún sentido. La mayoría de las veces, me rendía. Simplemente me sentaba y lloraba a mares, sollozando ante el Señor, indefensa y triste. Estas palabras, y muchas otras Escrituras, me permitían llorar, sollozar e incluso desesperarme, porque el Espíritu mismo intercedía por mí.

Romanos 8, continúa diciendo en el versículo 27: *"Mas el que escudriña los corazones sabe cuál es la intención del Espíritu, porque conforme a la voluntad de Dios intercede por los santos."*

El Espíritu de Dios intercede por mí -uno de los "santos", según la definición de esta

Escritura, dirigiendo mis oraciones. El Señor fue el ancla que me mantuvo firme en la tormenta. Aunque me sienta débil e indefensa, Dios NO es débil ni indefenso, nunca. Mi seguridad proviene del saber que el Espíritu de Dios ayuda a los débiles intercediendo conforme a la voluntad del Padre.

El siguiente versículo que estaba a punto de leer fue difícil de tragar al principio. La verdad es que lo rechacé de primeras. Quería terminar el pasaje con el versículo 27, pero sabía que no era así. Como estudiosa de la Palabra de Dios, sabía que tenía que leer todo el pasaje y luego interpretar el mensaje como un todo en su contexto.

Romanos 8:28 dice: *"Y sabemos que a los que aman a Dios, todas las cosas les ayudan a bien, esto es, a los que conforme a su propósito son llamados".*

La confusión y el dolor chocaron en mi mente. *¿Para bien? ¿A quién pretendemos engañar? ¿Habrá algún bien que podría resultar de la muerte de mi marido? Era padre de tres niños pequeños. ¿Podría alguien explicarme qué había de bueno en que los niños crecieran sin su papá? ¡No me hablen de lo bueno!*

Aquí fue donde mi fe se reveló en verdad. No había absolutamente NINGUNA manera en este lado del Cielo de que yo pudiera encontrar una explicación aceptable del bien para mi situación. No había ninguna. Pero, esa era la cuestión. No tenía manera de ver más allá de este dolor agobiante. Si Dios me hubiera mostrado su plan completo para mi vida en ese momento, no me lo hubiera creído. Probablemente habría insistido en que me estaba volviendo loca y me hubiese internado en un manicomio.

La fe no requiere saber, ni siquiera comprender. La fe, por su propia naturaleza, confía sin comprender. Quizá usted piense que es demasiado difícil confiar cuando uno está desesperado por encontrarle sentido al caos. Y tiene razón. Es difícil y quizá imposible, a menos que su fe y su esperanza estén puestas en Alguien que es mucho más grande que usted.

Mi fe no se manifestó un día y se presentó perfectamente desarrollada y sólida como una roca.

Capítulo cuatro: Pisando tierra firme

La fe es un proceso. Chuck Swindoll habla de esta verdad en su libro "Para los que sufren".

> *No es posible prepararse para una crisis después de que ésta se produce. La preparación debe tener lugar antes de que estemos cara a cara con el problema. A veces apenas estamos manteniendo el equilibrio en la cuerda floja espiritual tal como somos... ¡entonces algo sacude la cuerda! El desastre tumba la puerta.* [2]

Tomamos una decisión inicial para comenzar nuestro camino en la fe cuando aceptamos a Cristo como nuestro Señor y Salvador. Y eso es sólo el comienzo. Al momento de salvación, nuestra fe es como una semilla. Debe crecer y hacerse fuerte y vibrante, porque si no lo hace, no podrá resistir las tormentas de la vida.

Chuck continúa diciendo: "En otras palabras, la verdadera prueba de su estabilidad espiritual no llega mientras su pequeño lago no se agita. Se presenta cuando llegan las tempestades del sufrimiento". [3]Antes que Rick muriera, mi pequeño lago carecía de olas, pero la preparación para enfrentar esa crisis había tenido lugar años antes. Mi respuesta a su muerte se convirtió en el campo de batalla que "probó" mi fe. En pocas palabras, todas mis experiencias de crecimiento -los dolores y las penas, la lucha por descubrirme a mí misma, el desarrollo de una base espiritual y el fortalecimiento de mi fe - me habían moldeado hasta convertirme en una mujer cuyo espíritu se mantenía firme mientras sufría una gran pérdida.

¿Cómo me mantuve en pie? Pude soportar la tempestuosa ráfaga del dolor porque estaba preparada para aferrarme a mi fe. No es que yo fuera una persona fuerte. Dios sabe que no lo era. Incluso hoy, todavía no me considero fuerte en ninguna manera. En esto radica la belleza de esta verdad. Lo importante no es la medida de nuestra fuerza, sino nuestra confianza en la fuerza de Dios.

Cuando se nos inculcan los principios de la Palabra de Dios a una edad temprana, se nos enseña a caminar por fe. La Palabra muestra que es su Espíritu el que nos fortalece y nos da fuerzas para seguir adelante.

No digo que no me preguntara "¿por qué? Todo el mundo lo hace y yo no fui una excepción. Pero no me planté en la tierra de lo desconocido, como hacen muchos. Había sido cristiana durante mucho tiempo y comprendía muy bien que, aunque pudiera obtener la respuesta a esa pregunta, no disminuiría mi dolor. Mi marido seguiría en el Cielo y mis hijos y yo seguiríamos aquí en la Tierra sin su papá.

Cuando ocurrió este desastre, supe instintivamente que era una prueba de fe para mí. No hubo discusión ni argumento, ni opción de mi parte. Estaba pasando por el fuego del sufrimiento, igual que las llamas purifican el oro. No había duda en mi mente de que tenía que aferrarme con todas mis fuerzas a las enseñanzas de la Palabra de Dios para sobrevivir al intenso ardor y superar ese momento de gran prueba. La recuperación total de mis heridas requeriría depender únicamente de Dios.

Capítulo cuatro: Pisando tierra firme

Doug, un amigo de la iglesia, se sometió recientemente a una operación de reemplazo de cadera. Me describió su proceso de recuperación.

"Bueno, ya no tomo tanto medicamento para el dolor como lo hacía inmediatamente después de la cirugía, lo cual es evidencia de progreso", dijo, "y estoy yendo a terapia física tres veces a la semana, que se reducirá a una vez por semana. Incluso estoy avanzando en mis ejercicios diarios; pero algunos días son buenos y hay otros en los que quiero quedarme en la cama. Pero, en general, veo mejoras, así que me siento optimista".

Nunca me he sometido a una operación tan grave, pero entiendo lo que implica el proceso de recuperación. Del mismo modo que una herida física necesita cuidados y recuperación, el daño causado por el dolor emocional también necesita este proceso de rehabilitación. Mi corazón se había hecho trizas y necesitaba urgentemente ser sanado, por eso pasé tanto tiempo a solas con Dios. Me recordaba a mí misma que Él es el Gran Médico por excelencia

y la única fuente de esperanza y sanidad para mi vida. De eso estaba segura.

A continuación, aparece el pasaje que me ayudó en el proceso de recuperación. He marcado las palabras que me dieron fuerza,

> *Porque el Dios que dijo: "La luz resplandecerá de las tinieblas" es el que ha resplandecido en nuestro corazón*

*para iluminación del conocimiento de la gloria de Dios en el rostro de Jesucristo. Con todo, tenemos este **tesoro en vasos de barro** para que la excelencia del poder sea de Dios y no de nosotros. Estamos atribulados en todo, pero no angustiados; perplejos pero no desesperados, perseguidos pero no desamparados; abatidos pero no destruidos. **Por tanto, no desmayamos**; más bien, aunque se va desgastando nuestro hombre exterior, **el interior, sin embargo, se va renovando de día en día.** Porque nuestra momentánea y leve tribulación produce para nosotros un eterno peso de gloria más que incomparable; **no fijando nosotros la vista en las cosas que se ven sino en las que no se ven**; porque las que se ven son temporales, mientras que las que no se ven son eternas. (2 Corintios 4:6-9, 16-18)*

Cómo mantenerse firme

¿Se habrá preguntado usted por qué a la Biblia se le llama "la espada del Espíritu? Efesios 6:17,

> *"Tomen también el casco de la salvación y la espada del Espíritu, que es la palabra de Dios"*

La Palabra de Dios se conoce como espada porque la Biblia es un arma espiritual. Hebreos 4:12,

> *"Porque la Palabra de Dios es viva y eficaz, y más penetrante que toda*

espada de dos filos. Penetra hasta partir el alma y el espíritu, las coyunturas y los tuétanos, y discierne los pensamientos y las intenciones del corazón.

Quizá usted se pregunte por qué necesitamos un arma espiritual. Las batallas físicas se pelean con armas físicas, pero las batallas espirituales se pelean con armas espirituales. Tiene sentido, ¿cierto?

"Pues, aunque andamos en la carne, no militamos según la carne; porque las armas de nuestra milicia no son carnales sino poderosas en Dios para la destrucción de fortalezas." (2 Corintios 10: 3-4)

Considere lo siguiente. Las batallas espirituales a menudo ocurren cuando nos sentimos completamente agotados y exhaustos, cuando el enemigo puede atacar y probablemente hacer graves daños. ¿Por qué? Porque nuestros cuerpos físicos son débiles y vulnerables.

Cada vez que leo estos versículos en 2 Corintios, me parece significativo que haya un enemigo real ahí fuera cuyo único objetivo es matar, y su mirilla está puesta en mí. Estamos comprometidos en una batalla espiritual que se libra contra todos los que siguen a Jesús y se llaman a sí mismos "cristianos". Sé que esto es cierto porque la Biblia habla de la guerra entre el maligno y Dios. Aparece en todas las Escrituras, desde el Génesis hasta el Apocalipsis. Pero además de esto, entiendo que es cierto en mi propia vida.

La Biblia dice,

"*El ladrón no viene sino para robar, matar y destruir. Yo he venido para que tengan vida, y para que la tengan en abundancia.*" *(Juan 10:10)*

En este pasaje, Jesús es el que habla. Satanás, el enemigo de Dios, es continuo e incesante al intentar separarme del Señor, simple y sencillamente porque soy hija de Dios. Al herirme, me tienta a que me aparte de la fuente de mi poder y fuerza. Tratará de amenazarme, atemorizarme, desgarrarme pieza por pieza y, en última instancia, destruirme.

En aquellos momentos de ataque me apoyé en mi fe. Creía firmemente que mi esperanza y mi futuro estaban en manos de Dios, no de Satanás. Cuanto más consideraba mi situación desde el punto de vista de la Palabra de Dios, más esperanza y fuerza encontraba, porque la Palabra de Dios da vida. Esta verdad aún me la recuerdo todos los días.

La batalla que se libraba en mi interior era espiritual y afectaba a cada parte de mí: mi cuerpo, mi alma (compuesta por la mente, la voluntad, el intelecto y las emociones) y mi espíritu. Al principio, cuando me encontraba en estado de "shock", estaba demasiado confusa y herida para analizar lo que estaba ocurriendo. Luego, cuanto más estudiaba la Biblia, más me daba cuenta de que, a través de su Palabra, Dios me estaba enseñando todo lo referente a mi verdadera identidad en Cristo.

Capítulo cuatro: Pisando tierra firme   67

Como cristianos, somos "Soldados de Dios", y como tales debemos esperar problemas y ataques en esta vida. ¿Cuál soldado se vestiría para la batalla, se equiparía con un arma y equipo completo, y luego actuaría sorprendido y confundido cuando le disparan? ¿Suena ridículo, no? Esa es la imagen que me vino a la mente al leer los versículos de la Biblia sobre la guerra espiritual.

Probablemente los había leído muchas veces, pero nunca me habían impactado tanto hasta que Rick murió. Todo aquello me parecía un despiadado ataque enemigo. Un mortal proyectil explotó en mi vida y me destrozó por completo. Mi vida, tal y como la conocía, se había esfumado y me tocaba a mí encargarme de la recuperación, la limpieza y el proceso de reconstrucción. Nada era sencillo o "justo" y cada día era una tarea monumental poner un pie delante del otro. A veces tropezando, me arrastraba centímetro a centímetro.

Definitivamente, estoy de acuerdo con el pastor Chuck Swindoll. Tuve que apoyarme mucho en la Palabra de Dios para que me ayudara durante el "ataque-recuperación". Cuando empecé a adoptar una mentalidad más militante, también empecé a enfrentarme a la vida como un soldado se enfrenta a la guerra. Aunque no tenía conocimientos militares propiamente articulados, me imaginaba los requisitos necesarios y las disciplinas que implicaba la rutina diaria de un soldado, e introduje algunos cambios en mi vida cotidiana. Por ejemplo, los soldados nunca se quejan de lo duro que es, ¿verdad? Cambié mi forma de pensar y pasé de sentirme como una "víctima" a comportarme como un "soldado". Hay una gran diferencia.

La fe que se pone a prueba... crece

Si hay algo que un verdadero soldado sabe, es que el hecho de que algo sea "duro" o difícil, no significa que sea "malo". De niña, yo entendía "duro". En el colegio se burlaban de mí por ser más bajita que los demás y por llevar ropa pasada de moda. Me esforzaba por sacar notables y sobresalientes y, por mucho que me esforzara, me esforzaba por seguir el ritmo del resto de la clase.

Junto con lo "duro", o difícil, estaba lo "bueno". Lo bueno era el sistema de valores con el que me educaron. Lo primero que aprendí fue que Jesús me amaba. Lo segundo fue que yo

nunca iba a ser lo suficientemente perfecta para llegar al Cielo por mí misma. Lo más lindo que aprendí fue que Jesús murió en mi lugar para que yo pudiera tener una relación con mi Padre Celestial y vivir para siempre con Él. Cuando acepté a Cristo como mi Salvador personal, me convertí en miembro de una familia mucho más grande: la Familia de Dios.

Crecí en un hogar humilde, pero éramos ricos según los criterios de Dios. Nuestro hogar estaba lleno de evidencias de la influencia cristiana, escuchando maestros cristianos de la Biblia a través de la radio, música cristiana tanto en vivo como grabada, y reuniones de oración en toda ocasión. Cada vez que

Capítulo cuatro: Pisando tierra firme

las puertas de la iglesia estaban abiertas, ¡nuestra familia estaba allí! Mis padres servían fielmente en la iglesia y, en cuanto cumplimos la edad, mis hermanos y yo también lo hicimos.

En la escuela dominical, aprendí canciones que se tocaban una y otra vez. Esta música fue clave para infundir valor y verdad en mi joven espíritu fortaleciéndome y haciéndome madurar espiritualmente. También estudiábamos y memorizábamos pasajes de la Biblia sin parar para ganar premios en los juegos. Ni siquiera recuerdo el número de versículos que memorizamos. Cantábamos cánticos sencillos, pero con grandes promesas,

Cristo me ama, bien lo sé

Su palabra me hace ver

Que los niños son de Aquél

Quien es nuestro amigo fiel.

En medio de mis batallas y duelo, aquellos versículos de la Biblia que habían sido plantados hace tantos años brotaron de mi interior y llenaron mi alma de fuerza y paz. Sabía en mi corazón que valía la pena confiar en Dios, independientemente de cómo me sintiera o de lo difícil que fuera mi crisis. La fortaleza que experimentaba no era la mía, sino el resultado concreto de mi confianza en Dios.

Romanos 10:17 dice,

"Por esto, la fe es por el oír, y el oír por la palabra de Cristo."

Mi Dios no me ha fallado nunca, porque Él es fiel a Su palabra y no puede fallar. Hay otras Escrituras que confirman esto:

"Confía en el Señor con todo tu corazón y no te apoyes en tu propio entendimiento, en todos tus caminos reconócelo - y Él dirigirá tu camino". (Proverbios 3:3-5)

"Y mi Dios suplirá todas mis necesidades, conforme a sus gloriosas riquezas en Cristo Jesús".

(Filipenses 4:19)

"Todo lo puedo en Cristo que me fortalece". (Filipenses 4:13)

Estos y otros versículos echaron raíces en mi espíritu. No entendía completamente todo lo que significaba cada uno, pero cuanto más estudiaba, más hambre tenía de conocer a Dios de una manera más profunda. ¿Podría usted imaginarse cómo Dios, el Diseñador Maestro, tomó los pedazos de mi vida y me formó y moldeó en algo que Él pudiera usar?

Al recordar, puedo ver cómo pieza por pieza, poco a poco, Dios fue edificando mi espíritu y mi fe para que fueran fuertes y sanos. Los años que pasé entrenándome en el "caminar por fe" cuando era niña y adolescente fue lo que me salvó de ahogarme en mi hora más oscura.

Capítulo cuatro: Pisando tierra firme

Tal vez en este punto de mi historia, usted se sienta desanimado porque no tuvo la formación espiritual que yo tuve. Tal vez no creció en un hogar cristiano, no asistió a la iglesia con regularidad y no se memorizó las Escrituras. Por favor, no deje de leer. Hay principios de la Palabra de Dios que se aplican a usted también. Comience ahora. Cualquier cosa que usted esté enfrentando, o haya enfrentado, o vea como un obstáculo monumental ante usted - tome una decisión - Confíe en Dios. Hoy podría ser el comienzo de una vida dinámica de fe que le llevará a un viaje que cambiará su vida... para siempre. Para siempre, de verdad. Podría ser el momento decisivo de su fe.

***

Un momento decisivo para mí en aquellos tiernos años de aprender a caminar por fe fue una noche en la que Dios me señaló con el dedo durante un servicio especial en la iglesia. En mi juventud, yo sentía como si Él hubiera plasmado Su amor por la gente en mi corazón.

Durante el mensaje, el predicador misionero preguntó: "Si sientes que Dios te está llamando a ser misionero, levántate y pasa al frente del santuario".

Por todo el auditorio muchos se dirigían al frente. Mi corazón estaba muy conmovido. ¡Me está hablando a mí! Sentí un ardor en lo más profundo de mi alma y una fuerza indescriptible que me impulsaba hacia delante, llevándome hacia el altar con los ojos muy abiertos. Sentía que iba a ser uno de esos momentos esenciales de mi vida. Mientras las manos de los ancianos y líderes de la iglesia se posaban sobre cada uno de los que formábamos el círculo, se elevaron al cielo oraciones intensas y sinceras por nosotros. Aquel día se levantaron oraciones con implicaciones proféticas.

Uno de los misioneros se volvió hacia mí después de la oración y me miró atentamente a los ojos. Sonriendo, susurró. "Tienes un llamado muy especial para servir en tu vida, jovencita. ¿Estás dispuesta a ir donde Dios te envíe?".

Parecía preocupado en que yo entendiera bien las implicaciones de su pregunta.

No tenía ninguna duda de que Dios me estaba hablando, pero tenía dudas sobre mí misma.

¿Podría ser yo lo suficientemente digna para que Dios me use? ¿Tendré lo necesario para servir desinteresadamente en el ministerio sin quejarme ni cuestionar nada?

De repente me invadió una sensación de desánimo y me resistí.

¡Mírame! No soy nadie especial. No tengo ningún talento especial, ningún don impresionante que ofrecer. Aun Dios mismo necesitaría mucho esfuerzo si quisiera usarme.

Entonces mis pensamientos dieron un giro. *Pero, si Dios me ve tal como soy y aún así me ha escogido para servirle... si este es Su diseño para mí, entonces ¿cómo podría decir que no?*

Con una fuerza renovada, exclamé: "Sí, oh sí, estoy dispuesta. Quiero ir adonde Él me envíe".

Aquella noche, mi fe alcanzó una nueva cumbre y mi compromiso de servir a Dios se hizo más fuerte que nunca. Mi vida espiritual empezó a florecer mientras intentaba seguir el plan que Dios tenía en mente para mí. Por fuera, cada vez tenía más confianza en mí misma. La niña tímida y torpe se iba convirtiendo en una joven independiente. Lo único que me faltaba era madurar.

Constantes batallas diarias

Después de la muerte de Rick, la batalla constante entre mi alma y mi espíritu no cesaba. Al principio, con el duelo totalmente vivo y las emociones a flor de piel, era una lucha diaria. Pero con el paso del tiempo, las batallas se hicieron menos frecuentes y menos intensas.

Al principio, como si hubiera sido una cirugía mayor, mi recuperación resultó muy difícil. Pero obedientemente puse en práctica lo que sabía que era verdad y rechacé los pensamientos de miedo y desesperación.

Recuerdo una tarde de agosto en la que me encontraba sentada a la mesa del comedor, mirando el saldo de mi chequera. Sabiendo muy bien que no había suficiente para pasar el mes, dije en voz alta:

"Y mi Dios suplirá todas mis necesidades conforme a sus gloriosas riquezas en Cristo Jesús". Filipenses 4:19

Estaba ejerciendo mi fe y declarando lo que Dios en Su Palabra me prometía.

El domingo siguiente, mi pastor me puso un cheque en la mano, ofrendado anónimamente por alguien de la congregación. Ese mes, y todos los meses, pagamos nuestras facturas, cubrimos nuestras necesidades y siempre había comida suficiente en la mesa.

Otro momento en que mi fe se puso a prueba fue cuando nuestra hija menor, Erin Joy, de 15 meses, fue operada. Llevaba meses sufriendo infecciones crónicas de oído y, después de probar un medicamento tras otro, el médico propuso ponerle tubos en los oídos.

No sé si se podrá usted imaginar lo que es estar sentada en la sala de recuperación mientras operan a su bebé, pero déjeme decirle que es una tortura. Lloré y oré todo ese rato, deseando que su papá estuviera allí conmigo. Por horas después de la cirugía, lloré y recé, meciendo a Erin en mis brazos mientras ella gemía y lloraba de dolor. Sabía que Dios estaba allí y su "voz" me consoló en esos momentos de angustia.

Por años, Erin fue sometida a más cirugías, múltiples procedimientos y visitas al doctor, procurando la sanidad de su pequeño cuerpo. Fue agotador, por no decir otra cosa, pero lo superamos con la ayuda de Dios.

Capítulo cuatro: Pisando tierra firme

Sé que Dios escucha y contesta las oraciones porque me envió ayuda tangible de primera mano durante ese primer año, especialmente durante esa parte complicada y rocosa que ponía en peligro la vida de la niña. Dios escuchó mis clamores de ayuda y envió a mi hermana, Joy, a mudarse conmigo. Después de la muerte de Rick, ella dejó su trabajo, empacó sus pertenencias y se mudó conmigo. Su experiencia como enfermera pediátrica y su esmerada atención a los detalles me rescataron en muchas ocasiones. También tenía varios familiares y amigos muy queridos que venían de vez en cuando y jugaban con los niños mientras yo leía un libro o salía a cenar con una amiga.

Después de ese primer año, me encontré más o menos sola, y fue aún más difícil funcionar como tal. Pero, justo cuando me desanimaba, ocurría algo que me levantaba y me rescataba.

Por ejemplo, una tarde de verano, varias semanas después de que los niños y yo nos mudáramos a San Diego, a una pequeña casa de tres habitaciones, estaba fuera intentando cortar el césped. Observe que dije "intentando", porque como usted puede adivinar probablemente, nunca tuve que cortar nuestro césped antes de que Rick muriera. Él siempre se ocupaba de las labores del jardín. Sabiendo que no podía permitirme el lujo de pagar a alguien para que lo hiciera y que mi hijo mayor sólo tenía ocho años, estaba decidida a encargarme yo misma del jardín. Tras repetidos chisporroteos, el motor del cortacésped arrancó por fin, pero cuando me detuve a vaciar la bolsa, se paró. Una y otra vez tiré de la cuerda, agotando mis fuerzas y mi paciencia. Quería darle una patada, pero me eché a llorar.

"¡Perfecto!" Grité entre sollozos. Mi mente se desbocó: "¡Esto es el colmo! El césped lleva un mohawk, ¡y no consigo que este estúpido cacharro de hojalata vuelva a arrancar! ¿Dónde está mi marido? Esto no es justo. Debería estar aquí. Él podría ponerlo en marcha". Estaba furiosa.

Mi prima pasaba por aquí en ese momento e inmediatamente se dio cuenta de mi dilema.

En secreto, contrató a un jardinero para que viniera a cuidar del césped. No me lo pidió, simplemente sabía que yo necesitaba un regalo de compasión en ese momento y, gracias a Dios, me libró de esa frustrante tarea. No hay palabras para expresar mi alegría.

Estos son algunos ejemplos de cómo Dios escuchó mis lamentos. No me sacó del problema, sino que me guió a través de amigos y seres queridos de buen corazón. Comparto estos ejemplos para mostrarles que seguí viviendo en el mundo real. Independientemente de que me sintiera preparada o no, la vida seguía su curso y tenía que levantarme cada vez que me daban ganas de rendirme. Afortunadamente, otros a mi alrededor estaban dispuestos y eran capaces de dar un paso adelante, haciendo mi trabajo un poco más fácil.

Así es como Dios opera, toma nuestros fragmentos rotos y hace algo hermoso con ellos. Él ha llevado a cabo Su plan en mi vida, incluso en momentos en los que he cometido errores o he seguido mis propios deseos. A pesar de todo, Él ha permanecido fiel. Él no requiere perfección de Sus hijos, sólo obediencia.

No se donde estaría o que desastres hubiera sufrido en mi vida si no hubiera tenido una fe genuina en Dios. He caminado a través del valle durante la muerte de Rick y todavía continúo mi jornada de Fe, con la poderosa arma de la verdad, la Palabra de Dios, la Biblia. Recuerde, yo no soy nadie especial. Cualquiera que sea su valle, obstáculo o desafío - la Palabra de Dios nunca falla.

Dios cumple su palabra. Él es más que suficiente de cuidar de cada uno de Sus hijos. Mi fe en Dios, establecida muchos años antes, fue puesta a prueba en un crisol de agonía desgarradora. Cada día tomaba la decisión de fijar mis ojos en la verdad de la Palabra de Dios, y no en las cosas que me rodeaban y que no tenían valor eterno.

Luchas, crisis y desafíos han continuado siendo obstáculos en mi vida, pero Dios me ha guiado a través de cada uno de ellos. He sido atacada, amenazada y quebrantada, pero NO destruida porque mi Dios es más grande que cualquier otro poder o fuerza, y mi fe y esperanza están ancladas en ÉL. Continúo poniendo mi confianza y seguridad en Él, sin importar cuán difícil sea el camino.

Capítulo cinco:
La invitación de Dios

*"El sol no ha dejado de brillar
tan sólo porque el caminante que pasa por el
túnel haya dejado de verlo"*
"El secreto de una vida cristiana feliz",
por Hannah Whitall Smith

Al leer mi historia, puede que haya pensado: "Esto parece increíble. ¿Cómo puede alguien pasar por un sufrimiento tan grande y no agitar el puño ante Dios? Eso no es normal".

Rick tenía las credenciales de teología, no yo, no obstante, le puedo compartir algunos pensamientos con base bíblica que me ayudaron durante mi temporada de pruebas. Al principio de mi proceso de fe, me di cuenta de que la Palabra de Dios era demasiado amplia para que yo la comprendiera en su totalidad. En muchas ocasiones le he hecho preguntas fuertes a Dios, y aunque haya estado pataleando y gritando durante estas temporadas de dolor y confusión, no he "culpado" a Dios.

Tal como yo lo veo, vivimos en un mundo caído, con su pecado y destrucción asolando almas por todas partes. El mero hecho de vivir en este lugar lleno de dificultades, me expone a problemas. Saber que Dios es más poderoso que mis circunstancias me da esperanza, del mismo modo que un salvavidas mantiene la cabeza de un náufrago por encima del agua. Sin embargo, aunque mi fe impidió que me ahogara, no me sacó del agua.

Reconozco que en numerosas ocasiones he tenido ganas de tirar la toalla. Muchas veces quise tomarme unas largas vacaciones yo sola y dejar que otro se ocupara de las cosas en casa. Pero cada vez que me sentía así, me acurrucaba en el regazo de mi Padre Dios y le pedía ayuda. Él me abrazaba, me susurraba al oído palabras de aliento y me daba fuerzas para resistir uno o dos días más, o tres.

No, no estaba físicamente en su regazo, por supuesto. Era en esos momentos cuando recibía un poema o verso que me levantaba el ánimo. O recibía la visita inesperada de una amiga cristiana y pasábamos juntas valiosísimas horas en comunión. Esto me daba ánimos durante semanas.

En otra ocasión, recibí un libro con un mensaje de esperanza, como espero que éste sea para usted.

Mi ancla, mi esperanza

Aunque desearía que esta parte de mi vida no existiera, no puedo eliminar el dolor y el sufrimiento de mi vida más de lo que usted puede eliminarlo de la suya. No podemos permitirnos el lujo de aceptar sólo los momentos divertidos y agradables y rechazar los dolorosos. Sin embargo, podemos elegir cómo caminar por esta vida, con lo bueno, lo malo y lo feo. Yo elegí y sigo eligiendo entregar cada parte de mi vida a Dios, porque Él es el ancla que me mantiene firme.

Por otra parte, esto significa que Dios también tiene toda autoridad sobre mi vida. Él es el piloto y, en el mejor de los casos, yo soy el copiloto. Es la opción más lógica, ¿no? Al fin y al cabo, Él es quien conoce el principio y el fin. Yo no. Mientras me rinda a la obra y al plan de Dios en mi vida, me encuentro segura y protegida y disfruto de todas las promesas de la Palabra de Dios. ¡Así es como descanso tranquila! Esa es la única manera en que puedo dormir-en Sus brazos.

No importa quién usted es o qué título usted desempeña, usted necesita un ancla para hacerlo a través de esta vida en la tierra. Para mí, fue y es Dios-en Su Palabra y Su carácter es donde yace mi esperanza. En el libro de Hannah Whitall Smith, El secreto de una vida cristiana feliz (The Christian's Secret of a Happy Life), ella escribe:

> *Por tanto, permita que su fe arroje sus brazos alrededor de todo lo que Dios le ha dicho, y en cada hora oscura recuerde que aunque ahora, por una temporada, si es necesario, usted se encuentra afligido por múltiples tentaciones, es sólo como pasar por un túnel. El sol no ha dejado de*

> brillar porque el viajero a través del túnel ha dejado de verlo; y el Sol de justicia sigue brillando, aunque usted en el oscuro túnel no lo vea. Sea paciente y confiado y espere. Este momento de oscuridad sólo se permite para que sometida a prueba vuestra fe, mucho más preciosa que el oro, el cual aunque perecedero se prueba con fuego, sea hallada en alabanza, gloria y honra cuando sea manifestado Jesucristo.³

Me encanta esta maravillosa mujer de fe, aunque no la conozca personalmente, porque sus palabras a menudo encienden en mí una chispa de esperanza y me llevan a la verdad. Sin embargo, con demasiada frecuencia soy el viajero en el túnel oscuro, impaciente e inquieto, preguntándome qué le habrá pasado al sol.

Pierdo mucho tiempo alimentando pensamientos que son destructivos en lugar de darme vida. Son ideas tales como: "Soy una decepción para Dios", "Mis hijos van a acabar arruinados por mi culpa" o "He cometido demasiados errores, Dios no puede usarme".

La importancia de la prueba es ver lo que brilla al otro lado. Lo que realmente uno cree se revela en los momentos de sufrimiento. Yo prefiero creer en lo que Dios dice, no en lo que yo pienso o en lo que piensan los demás. La lección más poderosa que aprendí durante mis días de tormenta dentro del

Capítulo cinco: La invitación de Dios 83

bote continúa siendo la lección más hermosa de la historia: "Dios me ama". Aunque me sentía abatida y lastimada, cuando analicé los estragos y toda la evidencia a mi derredor se mostraba sombría y triste, el fundamento seguía siendo sólido. Dios me amaba y siempre me amará.

Su amor era lo suficientemente fuerte como para vencer mi dolor, independientemente de cómo me sintiera. Los sentimientos no son necesarios para apropiarnos de la fe. Lo que es aún más importante es que la verdadera fe ignora las emociones y va directamente a la verdad. La verdad es inmutable. La Palabra de Dios es la verdad en su forma más pura, que es la razón por la cual escogí y continúo escogiendo la fe sobre los sentimientos.

A continuación, un gran pasaje lleno de seguridad que fortalece el alma.

> *¿Quién nos separará del amor de Cristo? ¿Tribulación, o angustia, o persecución, o hambre, o desnudez, o peligros, o espada? Como está escrito: Por tu causa somos muertos todo el tiempo; fuimos estimados como ovejas para el matadero. Más bien, en todas estas cosas somos más que vencedores por medio de aquel que nos amó. Por lo cual estoy convencido de que ni la muerte ni la vida ni ángeles ni principados ni lo presente ni lo porvenir ni poderes ni lo alto ni lo profundo ni ninguna otra cosa creada nos podrá separar del amor de Dios,*

que es en Cristo Jesús, Señor nuestro. (Romanos 8:35-39)

Me gustaría personalizar este pasaje para que se aplique más directamente a mi situación. Mientras leía estas palabras, me imaginé a mí misma acercándome al regazo de mi Papá-Dios, donde Él me abraza. ¡Considere usted esta promesa!

¿Quién me separará del amor de Cristo? ¿Lo hará el dolor, el estrés, la confusión, el quebranto, la soledad o la fatiga? No. En todas estas cosas soy más que vencedora por medio de Aquel que me ama. Sí, estoy convencida de que ni mi muerte, ni la muerte de Rick, ni mi vida, ni los ángeles, ni Satanás, ni los poderes, ni las cosas que me rodean ahora o en el futuro, ni la montaña o el valle, ni ninguna otra cosa creada, podrán robarme el amor de Dios. Porque me ha sido dado por Cristo Jesús mi Señor, y Él es mi ancla segura en medio de la tempestad. Sin duda alguna... ¡Sí!

Esas batallas de medianoche que duraban de treinta minutos a tres horas eran agotadoras y me rompían el corazón, por supuesto, pero la siguiente vez que me encontraba en una, ya no era tan difícil superarla, porque estaba mejor preparada. Leer y creer en las Escrituras me ofrecía una inestimable recompensa de paz, que me cubría como una manta. Al poco tiempo, gracias a la preparación espiritual, no me resultaba difícil conciliar el sueño. Cerraba los ojos y veía a Jesús cargando a niños en Sus brazos, y cargando a madres jovencitas en Sus brazos. Me invadía una cálida seguridad y podía descansar sabiendo que todo iba a salir bien.

Hoy es tan cierto como antes. Sí, Jesús me ama. Y le ama a usted. Usted también puede creerlo, la Biblia así nos lo dice.

Quizá no se haya criado en un hogar cristiano y ahora mismo se enfrenta a una crisis que aparenta ser insoportable. Nunca es demasiado tarde para poner su vida en manos de Dios. Él es el Creador, y puede crear algo hermoso a partir de cualquier quebrantamiento, dolor o desastre en el que usted se encuentre.

Le aseguro que lo sé. Usted puede comenzar su vida de fe hoy, y encontrar la fuerza para superar lo que parece humanamente imposible.

Puede confiar en Jesús como su ancla de esperanza, o puede intentar hacer frente a los desafíos de la vida por su propia cuenta. Eso depende de usted. Pero, mi oración es que usted vea en mi testimonio, lo importante que es una relación con Jesucristo. Él es quien nos salva de la muerte eterna, el que nos levanta cuando somos derribados y el que nos rescata de todos los líos en los que nos metemos.

Al creer en Jesucristo y hacerlo Señor de su vida, usted tendrá una esperanza duradera en cada situación, crisis, tragedia o angustia. Cuando ponga toda su confianza en Él, descubrirá que sólo Él es lo suficientemente fuerte para llevarle a través de esta vida con todos sus locos giros y vueltas.

Aunque lo busque, jamás encontrará nada en este mundo tan seguro, tan fiable y que le cambie tanto la vida como la Palabra de Dios. Su Palabra nos presenta en todo su amor el don y el conocimiento de

Su hijo, Jesucristo. Aunque el hombre ha escogido el pecado y como consecuencia está apartado de Dios, el Señor ya ha reparado nuestros errores en el pasado, presente y futuro. Desde el principio de los tiempos, en los cimientos del mundo, Él ya le conocía y tenía un plan para su vida. Dios le ama a usted a tal extremo que no puede soportar el no tener una relación con cada uno de sus hijos.

Pacientemente espera que lo invitemos a entrar, Dios se para frente a la puerta de nuestros corazones y llama. ¿Le dejará entrar hoy? Jesucristo es el regalo más grande que este mundo ha conocido, y Su invitación se extiende a todos los que lo reciben. Cuando usted acepta el regalo de la salvación que fue propiciado por la sangre redentora de Jesucristo, usted viene a ser una persona nueva desde lo más profundo de su ser. El Espíritu de Dios vendrá y morará en usted trayendo paz, amor, gozo, paciencia, esperanza y mucho más.

Hace muchos años decidí recibir a Cristo como fuente de esperanza. Dios me rescató cuando era una joven asustada, infundió su Palabra en mi corazón, y me llevó a través de las horas más oscuras de mi vida, y yo le estoy eternamente agradecida.

Capítulo seis:
El resto de la historia

¡Y los palos siguen cayendo!

Quizá usted piense que, como los relámpagos, la tragedia nunca cae dos veces en el mismo lugar. Suena muy astuto, pero no me lo creo. Mi experiencia personal no es tan dramática como la historia de Job en la Biblia, pero he sufrido a granel.

Tres años después de la muerte de Rick, me volví a casar. Nos divorciamos nueve años después. ¿Qué fue lo que pasó? Añadir esos detalles simplemente no parece apropiado en este momento. Pero quizá aparezcan en otro libro. El resultado más positivo de esa unión fue mi hijo menor, James. Por eso estoy muy agradecida.

***

Cuando quedé viuda y con tres hijos pequeños, no me interesaba explorar páginas sociales. Mi agenda estaba lo suficientemente llena con la crianza de los niños, el trabajo voluntario en la iglesia y la responsabilidad de mi hogar. A pesar de que no estaba buscando, las circunstancias y las casualidades hicieron que me encontrara en una relación de pareja.

El marido número dos me conoció en la iglesia. Los segundos matrimonios conllevan complicaciones que algunos llaman "bagaje", y no me estoy refiriendo a los hijos como bagaje, de ninguna manera. Hay otros aspectos de la vida que complican una relación. Entra un vendedor profesional bien trajeado que vive como si estuviera a un paso de la miseria. Él ve a una joven viuda elegible con recursos... y bien podría verse como una oportunidad perfecta. Vio a una mujer joven y bien situada y se acercó a mí, me persiguió y me convenció de que él era mi "príncipe azul".

En aquel momento, yo pensaba que esa relación era la provisión de Dios. Una voz interior me convenció que una madre soltera necesitaba un marido. No mucho después de casarnos, pasé horas en la oficina de un consejero cristiano... estaba desesperada por salvar el matrimonio. Cientos de dólares después, tras cinco años de terapia profesional, aprendí una dura lección: estoy hecha para ser pareja. Por lo tanto, luché por un matrimonio con alguien que desafortunadamente carecía de la habilidad y/o el deseo de ser un buen compañero. Todo tenía que hacerse a su manera, ¡la única manera! No todo el mundo está dispuesto a trabajar en equipo y, por consecuente, el "amor" se esfuma rápidamente cuando se vive en modo de supervivencia.

Luché por reconciliar las Escrituras con mi decisión de alejarme de esa relación. Mi salud y el bienestar de mis hijos me impulsaron a actuar. Como con todas las acciones de esta magnitud, hubo repercusión.

Tristemente, eso terminó en lágrimas y dolor después de años de abuso emocional y psicológico. Lo que parecía una solución sólo me causó más dolor. Aprendí mucho sobre mí misma durante esos años, ¡déjenme decirles! Después de divorciarnos, compartimos la custodia de los niños durante los once años posteriores, lo que constituyó un reto y una lección de humildad.

Entonces, con cuatro chicos, seguí adelante, confiando en que, aunque mis errores y decisiones equivocadas me causaran más dolor a mí y a mis hijos... Dios es misericordioso. Como es mi costumbre, acudí a Jesús.

Jesús les dijo a sus discípulos que "en este mundo tendréis aflicciones" (Juan 16:33).

¡Y esa es la pura verdad! Como madre soltera con ingresos limitados e hijos en pleno crecimiento, sí que tuve problemas y aflicciones. Para entonces, mis dos hijos mayores ya estaban casi adultos, trabajaban, iban a la universidad y eran bastante independientes, pero los dos más pequeños necesitaban que mamá se dedicara por completo a ellos. Una cosa aprendí... las madres solteras o aprenden a ser como la superhéroe "Elastigirl", la chica elástica, estirándose para cubrir todas las bases necesarias para manejar la vida, o quedan aplastadas bajo el peso cada vez mayor que conlleva la responsabilidad de criar a los hijos y mantener un techo sobre sus cabezas.

Rick nos dejó algunos recursos económicos y yo aprendí a manejar la casa con un presupuesto muy reducido, ya que mi ex no proveía lo suficiente para la pensión de mis hijos. Con mucha creatividad e ingenio pude estar disponible para mis hijos. Lo que quiero decir es que cuando los chicos llegaban del colegio necesitaban supervisión. Como los mayores trabajaban o iban a clase, no podía depender de ellos para el cuidado de los menores. Una amiga me sugirió que enseñara piano en mi casa después del colegio, y decidí intentarlo. Los siguientes ocho años trabajé de camarera en un restaurante local durante el almuerzo y luego dirigía mi propio estudio de música, dando clases de piano y canto por las tardes. Gracias al trabajo en el restaurante, pude conseguir un seguro médico para mí y mis hijos, lo que fue una bendición. Además, la iglesia a la que asistía me pagaba por tocar el piano y cantar en el grupo de alabanza los fines de semana. Eran tres trabajos que me tenían en constante movimiento seis días a la semana. Ahora que lo pienso, todo parece una locura, y supongo que lo era, pero era la solución óptima para poder dedicarme más a mis hijos.

Hay mucho más en la historia de aquellos años en los que mis hijos crecían, pero como ya he dicho, quizá otro libro... o no.

Ya que estoy añadiendo algunos detalles a mi historia ..., debo mencionar que hubo otro matrimonio. Eso

Capítulo seis: El resto de la historia

es lo que ha oído, o más bien "leído" correctamente. Unos tres años después de mi primer divorcio, le dije "sí" a un hombre encantador y moreno que me conquistó, como suele decirse. Recuerden que crecí en un hogar cristiano, asistí a una universidad cristiana y estuve casada con Rick Petersen, un pastor muy respetado. Me imaginaba que mi familia, mis amigos y la familia de la iglesia tenían una imagen muy bonita de mí: una buena mujer cristiana que enviudó cruelmente a una edad temprana, se quedó con tres pequeños, se volvió a casar, se divorció... y ahora... ¿otro marido?

Como crecí en la iglesia, sabía lo que decía la Biblia en cuanto al divorcio. El haberme graduado de una universidad cristiana me aseguraba estar bien versada en las enseñanzas bíblicas sobre el divorcio. *¿Cómo es posible?* ¿Cómo puede alguien con tanto conocimiento bíblico y una vida de oración tan firme terminar no en uno sino en dos divorcios? Buena pregunta. Tal vez ahora pueda entender cómo una crisis encima de otra puede dejarlo a uno... bueno... vulnerable. Cuando uno está agotado, solo y haciendo malabarismos con más responsabilidades de las que debería, puede que diga "sí" cuando debiera decir "no".

Yo misma me estaba castigando. Las cicatrices de matrimonios rotos, la pérdida de mi primer amor, los sentimientos de fracaso me estaban haciendo trizas. No le estoy echando la culpa a nadie. Sabía lo que estaba haciendo cuando dije "sí". Sin importar mi justificación para cada divorcio, sin importar cuántas veces les pedí perdón a mis hijos por arrastrarlos a más sufrimiento, sin importar cuántas veces le supliqué perdón a Dios... la pura verdad era que... yo me sentía completamente quebrantada. La vergüenza, la angustia y el arrepentimiento me atacaban y seguían azotándome, profundizando las heridas. La noche era lo peor. Cuando los niños estaban acostados, el mundo a mi alrededor quedaba en silencio y las voces en mi interior me recordaban todos mis fracasos y mi quebrantamiento. Primero fui a mi médico de cabecera y me recetó unos medicamentos para ayudarme a controlar mis emociones descontroladas y destructivas. Con el tiempo, logré dormir más profundamente.

Luego, encontré un maravilloso consejero cristiano. Después de escuchar mi historia y el drama de mi divorcio más reciente, me dio un ejemplo. " Su vida es como una mesa, Catherine. Tiene la parte superior y cuatro patas. Esa es la imagen "normal". Pero una de esas patas era su primer marido, y él murió. Sólo tenías tres patas. Usted se sintió desequilibrada, incapaz de arreglárselas sola, a pesar de tener una fe profunda. Pero le prestó atención a un buen "vendedor" que prometía amarla, honrarla y apreciarla, y la esperanza de una vida mejor la impulsó a decir "Sí". El matrimonio nunca se basó en el respeto mutuo y ser la ayuda recíproca. En lugar de una pareja que le equilibrara y le diera estabilidad... acabó en una relación en la que usted llevaba la mayor parte de la carga, y se sintió aún más agobiada y desesperada. ¿Como le suena esto a usted?", me preguntó mi consejero.

Capítulo seis: El resto de la historia

"¡Sí! Eso es exactamente cierto. Nunca me lo había planteado así. ¿Es posible ser una mesa con sólo dos patas?". pregunté, intrigada.

Su respuesta se me quedó grabada.

"Es posible, pero también puedes construir una o dos patas más en tu mesa. Pregúntate: ¿De dónde viene mi seguridad? ¿Cuál es mi verdadera identidad? ¿Se encuentra en un marido? ¿O en mi Padre Dios".

Este versículo de Romanos me ayudó a recoger los pedazos rotos y entregárselos a mi Señor y Salvador, Jesús.

"Ahora pues, ninguna condenación hay para los que están en Cristo Jesús." (Romanos 8: 1)

"Señor, sí, te pertenezco", le dije. "Tú me has perdonado y me capacitas para caminar confiada sabiendo que Tú puedes tomar mis pedazos rotos y hacer algo valioso para tu gloria.

Yo no soy consejera y este libro no pretende analizar los comportamientos de una madre soltera y quebrantada. Eso se lo dejo a los expertos. Mi propósito al compartir mis malas decisiones y dolorosas consecuencias es llevarnos de vuelta al título de este libro: ESPERANZA. Incluso a través de la ruptura de mi matrimonio, un doloroso divorcio, años de consejería aprendiendo a perdonar a otros Y a mí misma... Dios ha permanecido fiel.

Él me levantó cada vez que acababa tirada en el suelo, retorciéndome con sollozos de angustia, y me cargaba en sus brazos amorosos. «Ya, ya, hija mía... no estás sola. Yo estoy aquí. Siempre he estado aquí. Aun cuando no me sentías. Nunca te abandoné. No tengas miedo, hija mía», me susurró al corazón.

No merecía Su perdón y compasión. Ninguno de nosotros lo merece. Pero la misericordia es uno de los atributos de Dios, es su naturaleza ser paciente con nosotros. Estoy muy agradecida de que lo es y de que me levantó cada vez que me decepcionaba a mí misma y a los demás. Tal vez lo más difícil de todo sea perdonarme a mí misma. Al escribir estas palabras, me pregunto si me he perdonado plenamente. Sólo el Señor lo sabe con certeza. Mi única intención es mantener la vista en Cristo, escuchando Su voz mientras Él me guía paso a paso, para poder seguir adelante en este caminar de fe.

Libérate de los remordimientos

> *"Pues no recibieron el espíritu de esclavitud para estar otra vez bajo el temor sino que recibieron el espíritu de adopción como hijos, en el cual clamamos: '¡Abba, Padre!'."* (Romanos 8:15)

El tercer matrimonio duró diecinueve años, y tan sólo escribir esta sección despierta sentimientos de culpabilidad y remordimiento. Como he dicho, mi segundo matrimonio me dio a mi hijo menor, y mi tercer matrimonio me dio a mi preciosa hijastra, Toni Nicole. Y siempre estaré agradecida por ella.

Capítulo seis: El resto de la historia

Ya ve usted, lo que escribí hace años sigue siendo cierto... aun cuando nos enfrentamos a batallas, obstáculos y desafíos, hay elementos del proceso que encierran valor, incluso un valor duradero y eterno. Permítanme decir que el final de ese tercer matrimonio fue devastador para todos nosotros, y siempre llevaremos las cicatrices de esa separación. Algunas heridas nunca cicatrizan del todo tras una pérdida tan profunda. Sin embargo, aquí estamos, sanando de nuestras heridas, rogando por sanidad, pidiéndole a Dios paz y gozo en el camino a pesar del dolor.

También en este momento, Dios es fiel. No nos saca de la tormenta, sino que nos guía a través de ella. Puedo clamar "Abba Padre", que es como decir "Querido Papá", en cualquier momento, de día o de noche, y Él está presente. Me encanta ese pasaje.

Un rayo de esperanza

Hubo un momento de esperanza que experimenté durante mi tercer matrimonio. Fue el privilegio de servir como misionera en África durante cinco años. Sin lugar a dudas, fue la experiencia ministerial más grata y fructífera de mi vida y una que siempre atesoraré. Nuestro mayor éxito en África fue la apertura de una cafetería en la que enseñábamos servicio de hospitalidad a la vez que ayudábamos a jóvenes discípulos. Muchos de los chicos a los que servíamos no contaban con ninguna esperanza de encontrar trabajo. Las altas tasas de desempleo, el fracaso escolar y la falta de medios económicos causan grandes dificultades a los jóvenes, sobre todo entre 18 y 25 años.

No era raro oír noticias sobre el suicidio de adolescentes. Recuerdo que un estudiante agradecido me dijo: "*Si no me hubieras escogido para estar en el programa, pensaba quitarme la vida*". La gravedad de la desesperación era y sigue siendo increíble.

El café era muy popular y tenía mucho éxito, con empresas e iglesias locales que ofrecían su apoyo. Sin embargo, el gobierno no se mostró tan favorable a que ofreciéramos formación gratuita a quienes *ellos* cobraban por sus programas de formación. No renovaron nuestras visas y enviaron a funcionarios del Ministerio del Interior a entregarnos una carta en la que nos daban treinta días para salir del país.

Sabiendo que iban en serio y como no teníamos ni la más mínima intención de quedar encerrados en una prisión africana... empezamos a hacer las gestiones, a preparar las maletas y organizarnos para hacer precisamente eso.

Jamás se me han olvidado las palabras que el misionero había declarado sobre mi ante el altar cuando yo era sólo una niña.

"Tienes un llamado muy especial para servir en tu vida, jovencita. ¿Estás dispuesta a ir adonde Dios te envíe?".

"Dondequiera" no siempre significa un país extranjero. Dondequiera puede ser su hogar, su vecindario o cualquier lugar donde alguien esté necesitado.

Verano de 2013

Se tomó la decisión de buscar y establecer una vivienda en Utah, cerca de mi hijo mayor y su familia. Encontramos una casa de dos habitaciones en desesperada necesidad de ser renovada, así que la compramos por menos de lo que hubiera costado alquilar un lugar. Como somos ávidos aficionados a la labor manual, procedimos a limpiar y pintar, quitar la alfombra, volver a barnizar los pisos de roble, raspar los techos y cambiar los focos.

Y yo oré: "Oh, Señor, tu palabra dice que si a alguien le falta sabiduría que la pida... y tú se la darás". Tenemos apoyo financiero y tenemos el deseo de ir y hacer discípulos. ¿Habrá algo que nos falte?".

Las preguntas: "¿Y ahora qué, Señor? Somos misioneros. ¿Dónde nos quieres?" daban vueltas en mis pensamientos todos los días una vez que me di cuenta de que Namibia nos había cerrado la puerta.

Cuando todavía estábamos convirtiendo nuestra casita en un hogar, nos topamos con una organización misionera de capacitación en Dakota del Sur. Esta organización misionera -The Keystone Project- me llamó la atención porque parecía tener gran pasión por el discipulado a escala mundial.

Me pareció muy acertado asistir a uno de los cursos de formación. "¿Podría ser esta la voluntad de Dios para nosotros? me pregunté. Estábamos cansados de largos días, meses, años de ministerio y la idea de recibir enseñanza y sabiduría divina de un hombre ungido por Dios era emocionante y refrescante. Mi corazón y mi mente experimentaron una gran transformación durante ese entrenamiento. Al final, estaba convencida de que The Keystone Project (KP) era nuestra "Próxima Asignación". El director nos dio la bienvenida para unirnos al personal y servir durante las sesiones de entrenamiento en Dakota del Sur.

¡Increíble! Parecía que todas las piezas estaban cuadrando. Teníamos una casa cerca de la familia, el ministerio cerca y flexibilidad para volver a África para viajes misioneros cuando fuera oportuno. Se pusieron en marcha planes para volver a Namibia en enero para gestionar la venta y/o distribución de nuestros efectos personales y empresariales y despedirnos. ¡La pena de nuestra obligada partida de Namibia fue suavizada por la nueva asignación ministerial y la celebración de la Navidad con nuestra familia!

Navidad 2013

La vida misionera naturalmente incluye sacrificio personal es parte de la tarea. Pasar las Fiestas a kilómetros de distancia de mis hijos y nietos nunca se hace fácil. Hasta el día de hoy, ¡compartir las alegrías, las vistas, los sonidos y los aromas de las fiestas con mis hijos y sus familias es lo que anhelo!

El otoño de 2013, nos estábamos preparando para una Navidad familiar en Utah. Mi hija, Nicole y su bebé vivían con nosotros. Krista llegó, luego, Erin y su familia vinieron a unirse a las festividades.

Capítulo seis: El resto de la historia

Habían pasado años desde que habíamos tenido tantos miembros de la familia en el mismo lugar. Planificamos las comidas, organizamos el alojamiento, hablamos de las actividades... la emoción iba en aumento.

En un momento dado, en medio de toda esa emoción... cuando estaba sola, descubrí un nódulo molestoso en el tejido del seno debajo de mi brazo. En realidad no era muy doloroso, pero sí lo bastante incómodo. No dije nada a nadie, pero pensaba hacerme una mamografía después de las vacaciones. No era la primera vez que me encontraba un bulto en el pecho. En realidad, era la cuarta. Las tres veces anteriores, el bulto había resultado benigno.

Me dije a mí misma: "No dejes que esto te distraiga de tu sueño navideño hecho realidad. Probablemente no sea nada de qué preocuparse".

Cuando encontré un lugar donde hacerme una mamografía era la segunda semana de enero. Se hicieron planes para volver a África, vender el café y otros artículos personales. Nuestros pasajes de avión estaban comprados, las maletas casi listas, los trámites hechos.

Es sólo una mamografía normal y rutinaria. Te han hecho docenas de ellas. Cálmate y respira, me decía mi voz interior.

El registro en el departamento de radiología fue rápido y unos minutos más tarde me llamaron por mi nombre. Seguí al técnico hasta el vestidor y mi voz interior intentó acallar mis nervios. Sí, era algo familiar y rutinario, pero... seamos realistas... en el fondo de mi mente rondaba ese temor que todo el mundo intenta disimular. La gran "C".

A continuación, el técnico me dice: "Quítese toda la ropa de cintura para arriba y coloque sus objetos personales en el estante con llave. Tome asiento en la pequeña sala de espera a la vuelta de la esquina".

Ya vestida y sentada en la segunda sala de espera, empecé a murmurar una oración. "Oh Señor, Tú eres mi pastor. Me sostienes en la palma de Tu mano... y no tengo por qué temer porque sé que Tú estás conmigo".

Pronto me acompañaron a la sala de radiología y, de pie junto a la intimidante máquina, respiré hondo, susurré otra oración y seguí las instrucciones del técnico. Me tomaron varias imágenes y luego, con una sonrisa, me pidió que volviera a la sala de espera interior y me dejara puesta la bata. Esa fue la primera señal de alarma. No pasó mucho tiempo antes de que la puerta se abriera de nuevo y el mismo técnico me pidiera que pasara a otra sala. Ésta era similar a una sala de consulta, pero con equipos diferentes. Me indicó que me acostara boca arriba en la camilla.

Otro médico entró en la sala y se presentó como especialista en radiología. "Tenemos que examinar más de cerca este bulto con otro equipo. ¿Le parece bien?" Segunda señal de alarma. "Claro, supongo que sí". murmuré en voz baja. La preocupación me daba vueltas en la cabeza. Hablaron en voz baja

Capítulo seis: El resto de la historia

y me explicaron todo lo que estaban haciendo, aunque no recuerdo la mayor parte. Utilizaron una aguja y extrajeron un poco de líquido, creo, y luego insertaron un pequeño "marcador" justo debajo de la piel. Tercera señal de alarma.

"Ha sido muy paciente. Bien, ya puede vestirse. El médico te llamará cuando tengamos los resultados. Suele tardar unos dos días"

¿Dos días? repliqué. Salimos para África el lunes. Las caras de preocupación llamaron mi atención cuando salí de la habitación y me dirigí a los vestuarios. Los pensamientos daban vueltas en mi cabeza... *"¿Sería mi imaginación? Me parece que saben algo y no se atreven a decírmelo. Uf... ahora sí que estoy nerviosa"*.

Al día siguiente sonó el teléfono y era la recepcionista del departamento de Oncología del hospital, pidiéndome que acudiera a una consulta. Ninguna señal de alarma, sólo una sensación de malestar en la boca del estómago.

Lo que habría tardado dos días, sólo tomó veinticuatro horas. Veinticuatro horas es demasiado tiempo para esperar los resultados de una prueba. La única forma que conozco de superar las horas de dudas y de darle vueltas a la incógnita « qué pasaría si...» es echar mano de mi Biblia y buscar palabras de consuelo y seguridad que me digan que Él sigue estando conmigo.

> *"Espera en el Señor; esfuérzate y que tu corazón cobre valor; Sí, espera en el Señor". (Salmo 27:14)*

Toda esa tarde, noche y mañana, me valí de esas y otras escrituras para infundir valor en mi espíritu. No me estaba desmoronando, pero, sinceramente, todavía me temblaban las rodillas cuando me levanté, me vestí y salí por la puerta.

De vuelta en el centro médico, sentada frente a dos médicos - el radiólogo y el oncólogo - mis peores temores se hicieron realidad.

Oncólogo- se hicieron realidad mis peores temores. Con una expresión facial amable pero intensa, el Oncólogo pronunció las palabras: "No hay forma fácil de decirlo... los resultados de las pruebas son positivos, lo sentimos mucho". Las palabras que siguieron no tuvieron ningún sentido en aquel momento, pero más tarde aprendí más sobre el cáncer de lo que nunca hubiera querido. El diagnóstico: cáncer de mama. Lo denominaron "de crecimiento rápido" y "triple negativo". Los médicos estaban muy preocupados porque el tiempo apremiaba y había que actuar con rapidez con la cirugía y los tratamientos. Me recomendaron una consulta con un grupo de médicos para determinar el mejor plan de acción.

El viernes recibí la noticia de que había dado "positivo" en cáncer y el lunes siguiente por la mañana estaba en un avión rumbo a África. Este viaje en particular fue muy diferente a los cinco años anteriores, ya que estábamos empacando nuestra casa en Namibia, vendiendo nuestro vehículo y nuestro negocio, y mudándonos permanentemente de regreso a Estados Unidos. Como el gobierno de Namibia se negó a renovar nuestras visas de trabajo,

Capítulo seis: El resto de la historia

lo tomamos como una señal de que Dios nos enviaba a casa. Estábamos muy afectados por no poder quedarnos con nuestros jóvenes discípulos, pero confiando en que Dios tenía todos estos detalles en su plan, hicimos los preparativos para dejar la obra en la que habíamos invertido nuestro corazón y nuestras almas durante cinco años. Mi clamor por ellos continúa hasta el día de hoy.

"Señor por favor sostén a estos queridos jóvenes discípulos en la palma de Tus manos, guíalos, enséñales y hazlos fuertes en la fe".

El Señor me dio este versículo para recordarme que el trabajo es SU trabajo, no el mío. Él la completará conforme a su voluntad.

"estando convencido de esto: que el que en ustedes comenzó la buena obra, la perfeccionará hasta el día de Cristo Jesús". (Filipenses 1:6)

Aquel día de enero de 2014, sentados en la consulta del médico con el personal médico mirándonos con caras de preocupación, supimos que debíamos seguir adelante con nuestro plan de volver a África – primero - antes de los tratamientos contra el cáncer. Había demasiado que dejar atrás para que otra persona se ocupara de ello. Después de vivir más de cinco años en Namibia, pueden imaginarse la cantidad de efectos personales que teníamos. Habíamos acumulado una buena cantidad de muebles, electrodomésticos, un camión, sábanas, utensilios de cocina como platos, ollas y sartenes, libros, DVD, y también estaba la cafetería. Teníamos un restaurante en pleno funcionamiento, con congelador, frigorífico, fogones, horno, parrilla, freidora, ollas, sartenes, vajilla, cubertería, vitrina de panadería, cafetera espresso y mucho más. Venderlo todo o distribuirlo entre los amigos nos tomaría semanas. No podíamos irnos y dejarlo todo.

El personal médico nos instó encarecidamente a cancelar el viaje, pero cuando se dieron cuenta de que no nos cambiarían de parecer, admitieron que al menos debíamos acortar el viaje y quedarnos sólo unas semanas. Tras pensarlo detenidamente, decidimos que yo regresaría al cabo de tres semanas y mi marido se quedaría para terminar la tarea de empaquetar, regalar o vender nuestras cosas.

Cuando regresé a Estados Unidos descubrí un problema con mi seguro médico, como si no tuviera suficientes problemas apremiantes de los que ocuparme. El médico que me diagnosticó el cáncer no estaba cubierto por mi seguro. Inmediatamente, busqué un nuevo médico y, más exactamente, un grupo de médicos para comenzar mis tratamientos. Encontramos un equipo de médicos en Utah, a unos quince minutos de nuestra casa recién adquirida. Como mi tipo de cáncer era tan agresivo, los médicos que me atendieron recomendaron una intervención quirúrgica inmediata para extirpar el cáncer y varios ganglios linfáticos que rodeaban el tumor.

A los tres meses del diagnóstico, me sometí a una mastectomía y a la extirpación de cinco ganglios linfáticos (dos de los cuales dieron positivo en la prueba del cáncer). Cuando salí del quirófano, me

Capítulo seis: El resto de la historia

dijeron que actuar rápidamente con la cirugía había sido una decisión acertada porque el tumor ya había aumentado de tamaño. El cirujano me aseguró que la cirugía había sido un éxito y confirmaron "márgenes limpios". Ello significa que el cáncer fue extirpado sin dejar rastro.

Señor, recé y escribí en mi diario: "Gracias por acompañarme a través de esta increíble prueba de perseverancia... o como sea que Tú la llames. ¿Prueba de fe, acaso? Sea lo que fuera... es horrible. Nunca me había encontrado tan cerca de la muerte. La realidad es demasiado cruel. Ayúdame a sacar fuerzas de Tu palabra y a armarme de valor para superar las próximas semanas y meses de tratamiento sabiendo que Tú estás conmigo, siempre conmigo. No estoy sola. Ni cuando sufrí la pérdida de mi marido, Rick... ni ahora. Nunca he estado sola y nunca lo estaré. Tú eres mi fortaleza y mi canción".

Me envolvieron el pecho con un chaleco quirúrgico y tenía tres tubos de drenaje que colgaban del estómago. Una vez que me mandaron a casa, cada día vaciaba los tubos de drenaje como me enseñaron las enfermeras en el hospital. No se puede imaginar la incomodidad y el dolor. A causa de las heridas del pecho sólo podía dormir boca arriba. El médico me recetó analgésicos, un antibiótico en caso de infección y un medicamento para ablandar las heces, explicándome que el dolor y los medicamentos de la quimioterapia podían provocar un estreñimiento grave.

Un cóctel bien especial

Los médicos me permitieron cuatro semanas para recuperarme de la operación, y luego procedimos a cuatro intensas rondas de quimioterapia. Nadie está totalmente preparado para la quimioterapia. Uno oye historias, lee las descripciones y la información en Internet, pero aun así... es como vivir al filo de la muerte. Sé que suena dramático, pero quiero ser completamente sincera. Si usted se encara a un diagnóstico de cáncer, comprenda que no todos los tratamientos de quimioterapia son iguales. En mi caso, el tipo de cáncer era tan agresivo que el tratamiento tuvo que ser igual de agresivo.

La sala de infusión tenía una docena de sillones reclinables con porta sueros y monitores al lado de cada uno. La vista panorámica de las montañas a través de la pared de ventanas hacía que la experiencia fuera algo relajante. Esa era una de las ventajas de recibir los tratamientos en Utah.

Después de sacarme sangre, pesarme y responder a las preguntas rutinarias, me acompañaron a una silla, me acomodé y esperé a la enfermera de infusión. La enfermera me hizo sus propias preguntas preliminares y luego me colocó la intravenosa. Fue necesario realizar varios intentos para insertar correctamente la vía en la vena. Se me reventó la vena, dejándome moratones o cardenales en el brazo que duraron días, y con cada infusión posterior el proceso se hacía más difícil. Las venas del brazo izquierdo se iban desgastando. Sólo podía usarse el brazo izquierdo, ya que en el derecho me habían extirpado los ganglios linfáticos en la operación. Una vez en la vena, la enfermera la selló con cinta y liberó la bolsa de líquido, seguida de la segunda y la tercera bolsa, a las que llaman "cóctel de quimio".

En mi última infusión la enfermera intentó dos veces colocar la vía y falló, otra lo intentó y falló, y finalmente llamaron a alguien del departamento de pediatría. Con una aguja especial lo consiguieron, ¡Éxito! Mi pobre brazo sufrió marcas de agujas y feos moratones durante meses.

Durante las infusiones, sentía cómo el líquido frío entraba por las venas, pero aparte de experimentar una ligera sensación de náuseas, en general no era tan malo. Sin embargo, unos días después de la primera ronda de quimioterapia, mi cuerpo empezó a sufrir los efectos de los potentes fármacos. Al quinto día de la primera infusión, me subió la fiebre. Los médicos previeron esa reacción porque me recetaron una ronda de antibióticos antes de los tratamientos de quimioterapia. Antes del tratamiento nos dijeron que estuviéramos atentos a cualquier aumento de la temperatura, que me tomara los antibióticos inmediatamente y que llamara a la consulta. Junto con la fiebre me salió un brote de llagas por todo el cuerpo -en la boca y en la parte íntima- que me causaron un malestar extremo, como se pueden imaginar. Antes que me administraran la segunda infusión, el médico decidió que me pusieran una inyección de Neulasta para evitar que el conteo sanguíneo bajara demasiado y la fiebre volviera a subir. Sin duda me ayudó a evitar las úlceras y la fiebre, pero los nuevos efectos secundarios me causaron ardor en los músculos y los huesos de las piernas, la espalda y los brazos, algo que nunca había experimentado. El dolor de huesos y músculos era constante. A veces una almohadilla caliente me aliviaba un poco, pero mayormente intentaba hacer ejercicio, sobre todo caminar, y luego descansar todo lo posible.

Desesperada por encontrar alivio, susurraba mis oraciones. "Querido Señor, estoy loca del dolor. ¿Cómo podré dormir? Esto es demasiado para cualquiera. Los analgésicos no me ayudan. Ayúdame... ¡por favor!"

Con cada infusión, los efectos secundarios empeoraban; el dolor, la fatiga, la falta de apetito, las náuseas y el estreñimiento eran mis compañeros constantes. Mi apetito estaba muy afectado - sentía la boca como si estuviera quemada por dentro, así que nada me sabía familiar; nada me sabía bien. Todo tenía un sabor tan extraño que perdí el interés por comer. Mis hijos pusieron a prueba su creatividad para despertar mi interés. Mi hija Nicole me compró una bebida con proteínas que mezcló con café y hielo. El efecto refrescante en mi boca era pasajero, pero lo disfrutaba mucho. Por lo menos estaba ingiriendo algunos nutrientes, razoné. A pesar de no comer muy bien, no perdí peso. En realidad, aumenté algunos kilos, lo que aumentó mi desánimo. Meses después me di cuenta de que, debido a los tratamientos, mi cuerpo retenía líquidos y se hinchaba, lo que provocaba el aumento de peso. Mi contaje de glóbulos rojos iba disminuyendo constantemente a lo largo de los tratamientos, pero afortunadamente no llegó a la zona de peligro.

Capítulo seis: El resto de la historia

Sí, se me cayó todo el pelo, me sentí fea y patética e intenté consolarme. "Sí, eres una señora calva de aspecto ridículo... pero existe una gran probabilidad de que no mueras... por lo menos no ahora mismo". Así que deje de quejarse. ¿No se habla así a sí misma?

Además de apenas comer, me costaba caminar sin agarrarme a alguien, a una pared... o a algo para mantener el equilibrio. El dolor emocional más profundo era estar tan débil que perdí la capacidad de cantar. Podía hablar con voz ronca, pero cantar requería más esfuerzo del que podía hacer. Aun así, me sentaba al piano y tocaba, o escuchaba música de alabanza y adoraba en mi corazón, lo que me daba la fuerza interior que necesitaba para seguir adelante. Además, sabía que mucha gente estaba orando por mí, ¡en todo el mundo!

Durante ese periodo de tratamiento, asistí a un estudio bíblico para mujeres que resultó ser de gran apoyo. Estudiábamos la Palabra juntas y orábamos las unas por las otras mientras se formaba un vínculo de amistad muy especial. Cada tarjeta que recibía, cada regalo, cada comida preparada, cada manta de oración y cada llamada telefónica me daban ánimo y me infundían valor para aferrarme a la esperanza. Se me saltaban las lágrimas al leer y releer las tarjetas. Nunca subestimen esos gestos, amigas mías.

Tras la quimioterapia, y después de unas semanas para recuperarme, recibí casi un mes de radioterapia que me provocó quemaduras en la piel. Sí, también fue doloroso. No tanto como la quimioterapia, pero aun así muy duro. Imagínese que sus peores quemaduras de sol se intensificaran a medida que continuaban los tratamientos y se prolongaran durante semanas. Sólo había una respuesta a ese nivel de dolor y daño de la piel: sábila pura. Encontré un producto en spray en Internet, ya que tocarme el pecho sólo intensificaba el dolor.

Cuando terminaron los tratamientos, empecé a recuperarme lentamente. Empezó a crecerme el pelo y mi fuerza aumentaba día a día. Tardé casi un año en sentir que estaba al 50% de mi fuerza normal. En diciembre de ese año empecé el proceso de reconstrucción y mi última operación fue en marzo de 2015, más de un año después de mi diagnóstico original.

Hacia adelante

En el otoño de 2014, mientras me recuperaba de los tratamientos y me preparaba para mi primera cirugía de reconstrucción, eché un vistazo a los balances de nuestra cuenta corriente. Nuestro seguro en el momento de mis tratamientos contra el cáncer cubría alrededor del 80%. Eso significaba que teníamos miles de dólares en facturas médicas acumulándose. Parte de ese dinero se pagó con tarjetas de crédito, otra parte fue donada por fieles familiares, amigos y compañeros de misión.

Nuestro plan misionero era seguir comprometidos con el trabajo misionero y continuamos en contacto con nuestros aliados financieros que oraban por nosotros. Nuestros fieles colaboradores empezaron a enviar ayuda adicional para costear los gastos médicos. Una vez más, Dios hizo acto de presencia y cubrió todas nuestras necesidades. No hay manera de expresar lo humilde y profundamente agradecida que estoy por los socios del ministerio que obedientemente han ofrendado para cubrir nuestras necesidades financieras.

Desde los primeros doctores que me dieron el diagnóstico hasta cada uno de los otros doctores que vi a lo largo de mis tratamientos, me informaron que este tipo de cáncer usualmente reaparece. Eso no es lo que yo considero palabras de aliento. Es como tener una oscura nube de presagios cerniéndose sobre uno. La verdad es que los pacientes y sobrevivientes de cáncer tienen que aprender a vivir con esa realidad. Escuché esas palabras muchas veces a lo largo de ese año y sigo haciéndolo cada vez que acudo a una revisión con mi oncólogo.

"Este tipo de cáncer suele reaparecer en el hueso o en un órgano importante: quizá la pierna, el cerebro o el estómago". Me decían". Si llegas a los cinco años, respiraremos más tranquilos". Ese era mi objetivo: cinco años. Elijo creer que estoy sana. Si Dios me quisiera "en casa" me habría llevado hace años. Así que creo: "Todavía tengo trabajo que hacer aquí. Hasta que termine mi misión... voy a seguir trabajando".

***

Cuando me diagnosticaron por primera vez -- mis hijos estaban muy preocupados de que me pudiera morir. Me pidieron que me quedara con ellos y pasara tiempo con mis nietos en lugar de volver a la misión. Pero, por mucho que los quiera a cada uno de ellos... amo más a mi Señor. Mi trabajo todavía no ha terminado y la Gran Comisión no se ha cumplido -- por eso les dije -- "Lo siento, pero tendrán que hablar con Dios si quieren que esté con ustedes en lugar de estar ocupada con el trabajo del Reino".

En octubre del 2014, volví a trabajar en el centro ministerial The Keystone Project (KP) dirigiendo adoración y entrenando. Mi compromiso con el increíble ministerio de KP no ha flaqueado. Doy testimonio de vidas transformadas a través del poder del Espíritu Santo, enseñando sin reservas la verdad del evangelio. Mientras el Señor me dé fuerzas, nunca me retiraré del ministerio y del servicio, independientemente de mi lugar de residencia física.

Ahora, años después, no estoy tan físicamente activa en el trabajo misionero como antes. Además de colaborar como voluntaria con KP, contribuyo económicamente con amigos misioneros y oro por una serie de ministerios específicos con regularidad. De este modo, colaboro con otros que están en los frentes del trabajo del Reino.

El Señor continúa dándome oportunidades para tareas prácticas a través de la dirección de alabanza, que sigue siendo una de mis mayores pasiones. El director de alabanza de mi iglesia local me asigna regularmente para tocar el teclado y cantar. Considero un honor y un gozo servir al cuerpo de Cristo de esta manera.

Siempre que el presupuesto me lo permite y las agendas familiares también, visito a mis hijos y nietos. Una de mis mayores alegrías es compartir momentos con mis nietos, jugando, cocinando u horneando, cantando canciones juntos y leyendo libros. No hay nada mejor que eso. Me hacen sentir joven.

Hace muchos años que entregué mi vida al servicio de mi Rey. En mi caso eso implica trabajar en misiones, pero también servir a mi familia, a mi iglesia y a mi comunidad. Y mientras busco seguir al Señor cada día, Él guía mis pasos y me mantiene enfocada en el propósito principal de esta vida: ¡glorificar a Dios!

Cada día es un regalo, ¿verdad? Realmente lo creo así. El mañana no es una promesa. Esa realidad resuena en mi corazón todos los días. Cada día es un regalo para vivir y servir con total abandono. Ninguno de nosotros sabe cuántos días ni cuántos años nos quedan en esta tierra. Aunque algunos días son más difíciles que otros, mi deseo es aprovechar cada día al máximo y obedecer a mi Señor y Salvador -siguiéndole con perseverancia- para completar la Misión. Me refiero a La Misión. La que Jesús nos dio - la que llamamos "La Gran Comisión". A cada cristiano se le ha dado esta encomienda, este mandato:

> *"Jesús se acercó a ellos y les habló diciendo: 'Toda autoridad me ha sido dada en el cielo y en la tierra. Por tanto, vayan y hagan discípulos de todas las naciones, bautizándolos en el nombre*

del Padre, del Hijo y del Espíritu Santo, y enseñándoles que guarden todas las cosas que les he mandado. Y he aquí, yo estoy con ustedes todos los días, hasta el fin del mundo'." (Mateo 28:18-20)

A través de la llenura y el poder del Espíritu Santo, nosotros como seguidores de Cristo tenemos todo lo que necesitamos para ir y cumplir esa tarea. Personalmente, quiero hacer todo lo que pueda para cumplir la Misión, y espero que usted también se sienta desafiado a aceptarla y apropiarse de ella.

Ahora, al enviar este manuscrito a la imprenta, ruego que todos los que lean estas palabras reciban el verdadero mensaje que Jesús entregó a la tierra hace dos mil años. El mensaje versa sobre la redención divina, la reconciliación con Dios y la única solución a la muerte: ¡Jesús, el Salvador del mundo! Él es el único camino, la única verdad y la única vida, ¡y punto!

Es para mí un privilegio compartir mi testimonio con usted, apreciado lector. Mi dolor, mis luchas, mis errores, mis desvíos y mis decisiones insensatas quedan entregados en el altar. Que el Señor unja esta ofrenda para animarle, para arrojar luz en la oscuridad y traer esperanza donde hay desesperación. Después de todos, la esperanza... ¡es el mayor regalo del amor!

Capítulo siete:
El compás continúa

¡Todo se trata de Jesús!

Es sólo por el constante fluir de Su gracia y amor por mí, que soy capaz de compartir este mensaje de esperanza contigo. Sólo por quién Él es, no por quién soy yo ni por nada que haya hecho o pueda hacer. No puedo ganar el derecho y privilegio de ser hija de Dios por mis propios esfuerzos. He sido adoptada como Su hija sólo porque he creído y confesado que Cristo murió por mis pecados y por los pecados de todo el mundo. Es por eso que podemos tener una relación plena y sin obstáculos con el Dios Todopoderoso. Esta relación es continua y se profundizará durante el resto de nuestras vidas aquí en la Tierra y hasta la eternidad.

¿Cuál es su respuesta a Cristo?

Si aún no ha comenzado su jornada de fe, ¿quiere dar hoy el primer paso? Ruego que mi historia ilustre el valor eterno de una relación personal con

Jesucristo, y que hoy pueda ver cómo Dios ha provisto el vehículo para rescatarle del callejón sin salida de la existencia. No sólo ha provisto un rescate, sino que también ha diseñado el camino para que usted y yo pasemos la eternidad con Él.

Las promesas de Dios nunca expiran. ¿No es eso asombroso?

Esto es lo que la Biblia dice al respecto.

> *"Porque de tal manera amó Dios al mundo, que ha dado a su Hijo unigénito para que todo aquel que en él cree no se pierda mas tenga vida eterna." (Juan 3:16)*

> *"Porque la paga del pecado es muerte; pero el don de Dios es vida eterna en Cristo Jesús, Señor nuestro." (Romanos 6:23)*

Dios demostró de manera contundente cuánto nos ama a nosotros, su creación más preciada, cuando envió a su único hijo a morir en nuestro lugar. Estos versículos nos dicen que todos estamos condenados a la muerte eterna a causa del pecado. Pero, nuestro amoroso Dios estableció un plan que ofrece una "salida" para todo aquel que crea en Él, Y acepte su regalo de salvación a través de su hijo Jesucristo.

Es como si yo estuviera de pie en un tribunal de justicia, acabando de ser sentenciado a cadena perpetua y este hombre, Jesús, se levanta y dice: "Voy a pagar toda la pena por el crimen de esta mujer. Ella queda absuelta de este juicio. Déjenla en libertad".

¿Se imagina usted eso? Es exactamente lo que Jesús logró al morir en la cruz. Pagó la pena por todos los pecados de la humanidad.

El reto para algunos es darse cuenta de que todos somos pecadores. Algunas personas no quieren aceptar ese hecho, pero sigue siendo cierto. Debido a que el pecado entró en el mundo en el Jardín del Edén - a través de Adán y Eva, cada persona en el planeta heredó las consecuencias de su desobediencia. Este PECADO original causó una ruptura en la relación entre Dios y la humanidad. Pero Dios siguió tendiendo la mano a su preciada creación. Considérelo. Él nos hizo a SU imagen y Su profundo amor por nosotros nos salvó de la destrucción.

Lo único que tenemos que hacer es creer y aceptar el regalo de la salvación. Parece sencillo, ¿verdad? En realidad, es muy sencillo. Pero, simple no significa "fácil". Seguimos siendo humanos y con esa naturaleza humana viene el deseo de satisfacer nuestra carne. Luchamos contra tentaciones de ser codiciosos, egoístas y rebeldes. No lo voy a suavizar: vivir una vida de fe en Dios requiere mucho compromiso y perseverancia.

Piénselo bien. Jesucristo pagó el máximo sacrificio con Su vida para poder devolvernos lo que se había perdido. Pero debemos recordar que esta gran bendición también conlleva una gran responsabilidad. Nuestras vidas fueron compradas por alto precio, y por lo tanto ya no son nuestras. El único requisito de Dios es que lo sigamos en obediencia para que podamos caminar con Él, sin obstáculos, en una vida que es más abundante que la que podríamos proporcionarnos a nosotros mismos.

¿Está usted dispuesto a abandonar sus propios planes y aceptar el plan de Dios para su vida? Esta es una decisión muy importante. Todos tendremos que presentarnos un día ante Dios y responder a la pregunta: «¿Qué hicisteis con mi hijo Jesucristo?».

Hay dos posibles respuestas a esa pregunta. Sólo dos.

UNA,

"Amado Dios, yo he aceptado a Tu hijo, Jesucristo, y Tu regalo de salvación y he dedicado mi vida a caminar por la fe, guiada por Tu palabra".

O DOS

"Dios, **elegí no** aceptar Tu provisión para librarme de la pena de mi pecado porque no he creído que Jesucristo la ha pagado en mi nombre. En lugar de eso, elegí vivir mi vida a mi manera".

No hay término medio. No hay excusas. O dices "sí" al regalo de Dios o dices "no".

Cuando uno dice "sí", entonces aceptamos la vida, un lugar eterno en la familia de Dios. Cuando uno "Cuando dice "no" o deja la pregunta sin respuesta,

Capítulo siete: El compás continúa

sufrirá las consecuencias del pecado como se indica en Romanos 6:23, es decir, la muerte. Muerte eterna o vida eterna, esa es su elección.

Si usted nunca ha tomado la decisión de recibir el regalo de la salvación, ahora sería el momento perfecto. La invitación de Dios se extiende a usted ahora mismo. Basta con orar la siguiente oración de todo corazón.

Amado Dios, confieso que soy pecador y necesito Tu perdón. Acepto el regalo de salvación que Tú ofreces a través de Tu hijo Jesucristo, hoy. A partir de este momento, elijo vivir mi vida conforme a Tu plan para mí y renunciar a mis propios planes porque Tú me amas y deseas lo mejor para mi vida. Puedo ver que el camino de este mundo sólo lleva a la muerte eterna, pero Tu camino, por medio de la cruz de Jesucristo, me lleva a vida eterna contigo. Eso es lo que elijo: la vida contigo. Así que, toma mi vida y hazme todo Tuyo. En el nombre de Jesús, Amén.

Si usted acaba de orar esta oración hoy y ha decidido comenzar su caminar con Cristo, permítame ser la primera en decirle: "¡Bienvenido a la familia de Dios!"

Por favor, tómese un momento para enviarme un correo electrónico ahora mismo y déjeme saber de esta decisión tan importante y que cambiará su vida. Me gustaría enviarle algunos materiales para que pueda aprender más sobre su nueva vida con Cristo. Esto es sólo el comienzo de una aventura de fe. El amor de Dios le ha levantado, le ha sacado de su viejo yo y le ha introducido en su nuevo yo. Es una aventura emocionante con una gran promesa llena de amor, esperanza, gozo y vida eterna con nuestro Padre-Dios.

Espero encontrarme con usted, si no en esta tierra, entonces en nuestro hogar eterno - el Reino de los Cielos con toda la Familia de Dios. Aferrémonos pues a nuestra esperanza eterna, porque es verdaderamente la evidencia del don de amor de Dios a todos los que lo reciben.

hopefulpete@gmail.com

Capítulo ocho:
La Palabra de Dios para usted

Sus Promesas Son Eternas

Usted ha leído mi historia y ha tenido la oportunidad de responder a la invitación que Dios le ha hecho. Si ya ha empezado su camino de fe antes de leer este libro, o si ha aceptado el don de salvación de Dios, la siguiente sección será una fuente de fortaleza para usted.

En el Capítulo Cuatro, mencioné cómo cambié mi forma de pensar de víctima a soldado. ¿Recuerda que dije que la palabra de Dios es poderosa y efectiva para combatir las batallas en nuestra mente y alma? Es verdad. Antes de continuar con esta siguiente sección le sugiero que lea el libro de Efesios en la Biblia. Este capítulo nos brinda el fundamento para el concepto de tener una mentalidad de soldado.

Hemos considerado lo mucho que Dios nos ama y como nos ha dado la salvación para que podamos vivir para siempre con Él. Él es el Rey de todos los

Reyes cuyo trono está en los cielos. Siendo cristianos, heredamos la ciudadanía del Cielo y nuestro enfoque y dirección en la vida refleja ese cambio de estado e identidad. O, por lo menos, así debería ser.

Así como un reino en la tierra, la familia de la realeza goza de ciertos privilegios y beneficios por el simple hecho de llevar el "nombre". Nosotros como cristianos gozamos de los privilegios y beneficios de ser hijos de Dios, y leemos acerca de ellos en la palabra de Dios. Sin embargo, es crítico que siempre recordemos que junto con el reconocimiento y la admiración por la realeza vienen las amenazas de muerte y los ataques del enemigo. No puedes esperar tener uno sin lo otro. Podría decirse que forma parte de un paquete.

Pues así es en nuestro camino de fe. Si andamos por el camino de la vida llevando el título de

"cristiano", siempre debemos estar listos para la batalla. Considérese una Princesa Guerrera o un Príncipe Guerrero, prepárese bien, piense de forma acorde con su título y compórtese de tal manera que ponga una sonrisa de orgullo en el rostro de su padre, el Rey.

Muchas veces he escuchado las historias de otros cristianos y oigo su total desaliento. Se me hace tan obvio que están escuchando las mentiras del enemigo y NO la verdad de la palabra de Dios. Esa es una de las razones por las cuales escribí este libro. Nosotros, como soldados cristianos, debemos estar preparados y no ser sorprendidos por las tácticas del enemigo. Si bajamos nuestra espada en la derrota,

Capítulo ocho: La palabra de Dios para usted

estamos dejando que el enemigo gane, y no hay razón para hacer eso.

Creo que la razón principal por la que nos acobardamos ante la guerra es porque no sabemos cómo luchar. Esta sección está diseñada para ayudarle a equiparse y prepararse para cierta guerra espiritual.

Lea el capítulo seis de la carta a los Efesios, Pablo nos describe en detalle la "armadura de Dios", enseñándole al soldado cristiano cómo armarse. Le sugiero que comience cada día " revistiéndose" con cada pieza de la armadura: El yelmo de la salvación, la coraza de la justicia, el cinturón de la verdad, el escudo de la fe, la espada del espíritu, las sandalias de la paz. Al visualizar que se viste con cada pieza de la armadura, fortalecerá su alma con la poderosa verdad de la palabra de Dios. Cada elemento de esta armadura es suyo como soldado de Dios. Están disponibles para usted, así que llévelos dondequiera que vaya.

Mírese bien en el espejo de la Palabra de Dios. Ahora, imagínese a sí mismo como un poderoso guerrero en el ejército de Dios, entrenado y listo. Observe cómo Pablo concluye el pasaje con el versículo 18: "orando en todo tiempo en el Espíritu con toda oración y ruego, vigilando con toda perseverancia y ruego".

La lucha más eficaz se lleva a cabo cuando nos entregamos a Dios en nuestro lugar de oración, escuchando su voz y arraigándonos en Sus promesas. Compañero soldado, luchamos mejor de rodillas.

Nunca olvide que tenemos a nuestra disposición el arma más poderosa jamás conocida por la humanidad - la "espada del Espíritu" - conocida como la Biblia.

Las siguientes oraciones se basan en las Escrituras casi palabra por palabra. Las leves modificaciones se hicieron para que la oración fluya sin dificultad. Puesto que sabemos que las Escrituras son dadas por Dios, sabemos que estos conceptos y principios son más efectivos y poderosos en la oración que cualquier palabra que podamos evocar por nuestra cuenta. Al escribir su nombre para que sea personal, está orando para que la Palabra de Dios cobre vida y actúe en su vida. Cuanto más usted ore oraciones basadas en la Palabra de Dios, más fuerte será en su fe y más victorias alcanzará y experimentará en su vida diaria.

Esta es la promesa de Dios para usted como Su hijo. Su intención es que usemos estas palabras como un arma poderosa para pelear esta batalla de fe aquí en la tierra. Siéntase libre de adaptar estas mismas oraciones para su cónyuge, hijo, familiar o amigo.

Orar sin cesar

¡Peleamos mejor de rodillas!

"Y esta es la confianza que tenemos en él, que si pedimos alguna cosa conforme a su voluntad, él nos oye." (1 Juan 5:14)

DIRECCIÓN

Señor, hoy renuevo mi compromiso contigo. Gracias, Dios, porque con todo siempre estás conmigo; y me has tomado de la mano derecha. Te ruego que me guíes según Tu consejo todos los días de mi vida. Te ruego que mi deleite y deseo esté en ti y sólo en ti. Diré, pues, "Mi carne y mi corazón desfallecen; Mas la roca de mi corazón y mi porción es Dios para siempre." Gracias por tu dirección en mi vida a fin de llevarme por el mejor camino, en el nombre de Jesús, te lo ruego. Amén. (Salmo 73:23-26)

CONOCER A DIOS PERSONALMENTE

Señor, mi anhelo es conocerte (que te conozca personalmente, que te conozca y te entienda, que te aprecie, y que te escuche) y que te sirva con un corazón perfecto y con ánimo voluntario. Porque tú escudriñas el corazón y la mente y comprendes todo intento de mis pensamientos. Te pido que te busque (reconociendo que eres mi primera y mayor necesidad), entonces me encontrarás. Te pido que me enseñes a ponerte en el centro de mis pensamientos, de mi mente y de mi vida de manera más consistente, en el nombre de Jesús, Amén. (1 Crónicas 28:9)

OBEDECER LOS MANDAMIENTOS DE DIOS

Padre, te ruego que me aferre a tus palabras y que guarde tus mandamientos en mi corazón y los atesore. Te pido fortaleza para obedecer todos tus mandamientos y mantener tu ley como la niña de mis ojos. Te pido que tu palabra sea el centro de mi vida en todo lo que hago y digo. Te pido que escribas tu palabra en la tabla de mi corazón. Que le diga a la Sabiduría Divina, que es mi hermana y a la inteligencia llamar parienta, entonces ciertamente poseeré y caminaré en la sabiduría divina por siempre, en el nombre de Jesús. Amén. (Proverbios 7:1-4)

MANTENERSE FIRME EN MEDIO DE BATALLA ESPIRITUAL

Padre, te ruego que me fortalezcas en el Señor (ruego ser empoderada a través de mi unión contigo); te ruego que reciba poder en la fuerza de Cristo (esa fuerza que tu poder ilimitado me proporciona). Ruego que aprenda a ponerme toda TU armadura (coraza sólida que sólo Dios puede dar), para que pueda enfrentar todas las estrategias y los engaños del diablo, en el poderoso y victorioso nombre de Jesucristo, Amén. (Efesios 6:10-11)

GOZO, PACIENCIA Y FIDELIDAD

Te pido recibir gozo en la esperanza, paciencia en la aflicción y ser fiel en oración. Gracias, Señor, porque me proteges y me defiendes porque confío en ti. Ruego que de continuo reconozca que eres tú quien me ayuda y en ti nos regocijamos; que te alabe con cánticos de júbilo. Señor, sabemos que por la noche durará el lloro, y a la mañana vendrá la alegría. Gracias pues eres mi fortaleza y mi escudo. Has cambiado mi tristeza en danza; quitaste (mi) dolor y me ceñiste de alegría. Amén. (Romanos 12:1; Salmo 28: 7)

FORTALEZA Y DESTREZA

Señor, te ruego que me fortalezcas (para completar y perfeccionar) y hagas de mí lo que debo ser y hazme apto en toda buena obra para cumplir tu voluntad, mientras trabajas en mí y realizas lo que es agradable delante de tus ojos, por medio de Jesucristo al cual sea la gloria por los siglos de los siglos. Y Señor te ruego que persistamos en lo que hemos aprendido, sabiendo de quién hemos aprendido; y que desde la niñez hemos sabido las Sagradas Escrituras, las cuales nos pueden hacer sabios para la salvación por la fe que es en Cristo Jesús, Amén. (Hebreos 13:21, 2Timoteo 3:14-15)

SEGURIDAD Y FE

Padre, Dios, te doy gracias porque he puesto mi confianza en ti, y seré como el monte Sión, que no puede ser removido, sino que permanece para siempre. Por eso, justificado por la fe, tengo paz contigo, oh Dios, por medio de tu hijo Jesucristo. Sabemos que te pertenecemos, aunque el mundo entero esté bajo el dominio del maligno. Sabemos que el hijo de Dios ha venido y nos ha dado entendimiento, para que te conozcamos a ti, el verdadero Dios. Gracias Señor, que vivo en unión contigo, el Dios verdadero y en unión con tu hijo Jesucristo. Esto es Verdad, según tu palabra, Dios, y esto es la vida eterna. Estoy de acuerdo con tu palabra y ruego en el nombre de Jesús, Amén. (1 Juan 5: 19-20, Romanos 5: 1, Salmo 125: 1)

VICTORIA SOBRE LA ANSIEDAD

Padre, te pido en el nombre de Jesús que no me afane ni sienta ansiedad por nada, sino que en toda circunstancia y en todo, por medio de oración y ruego (peticiones intencionales), con acción de gracias, que sean conocidos mis peticiones delante de Ti. Al hacerlo, prometes concedernos la paz (ese estado tranquilo de paz del alma), que sobrepasa todo entendimiento, que guardará mi corazón y mi mente en Cristo Jesús. Te ruego que la paz de Cristo (de bienestar sin problemas ni perturbaciones) me acompañe siempre. Amén. (Filipenses 4:6-7)

CAMINAR EN VERDAD Y PAZ

O Señor, ruego que deje de preocuparme por cualquier cosa, sino que en todo, por medio de la oración, cuya esencia es la adoración y la devoción, y por medio de la súplica, que es un clamor por mis necesidades personales, y con acción de gracias, sean conocidas mis peticiones en la presencia de Dios. Y la paz de Dios, que sobrepasa todo poder de comprensión, guardará mi corazón y mi mente en Cristo Jesús. Que mi mente se llene de todo lo que es verdadero, todo lo honesto, todo lo justo, todo lo puro, todo lo amable, todo lo que es de buen nombre. Que ponga en práctica lo que he aprendido y recibido de hombres y mujeres piadosos, tanto en palabra como en acción. Y confío en que según tu palabra, TÚ quién nos llenas de toda paz, estarás conmigo. Todo esto lo pido conforme a tu palabra. Amén. Filipenses 4:6-9

REFUGIO Y AMPARO

Padre, te ruego y te pido que seas misericordioso y bondadoso conmigo. Que yo encuentre refugie, amparo y confianza en ti, sí, te ruego que me ampares a la sombra de Tus alas hasta que pasen las calamidades y las tormentas destructivas. Te pido que me dirija a Ti en la tormenta y clame al Dios Altísimo quién promete moverse a mi favor y me recompensará (haciendo realidad Tus propósitos para mí) a través de esta prueba. Te pido, amado Dios, que envíes Tu misericordia y Tu bondad y te pido que Tu verdad y Tu fidelidad me rodeen en este momento. (Salmo 57:1-3)

VICTORIA EN MOMENTOS DIFÍCILES

Señor, cuando me sienta rodeado (presionado) por todos lados (atribulado y oprimido en todos los sentidos), no me sentiré agobiado ni abatido. Puede que pase vergüenzas y que me sienta desconcertado e incapaz de encontrar una salida, pero Tú prometes no llevarme a la desesperación. Podré ser acechado (perseguido y acosado), pero no abandonado ni solo. Puede que a veces me sienta derribado, pero nunca destruido. Que tenga la seguridad de que, así como resucitaste a nuestro Señor Jesús, yo también seré resucitado y seré llevado a Tu presencia. Te ruego que sepa que no estoy solo y que tú me llevarás en los momentos difíciles. (2Corintios 4:8, 9, 14)

GUÍA DIVINA

Señor, te pido que me guíes siempre y me sacies en la sequía y en los lugares secos y me hagas fuerte. Te pido que sea como un jardín de regadío y como un manantial de aguas cuyas aguas nunca fallan. Te pido que me satures con tu Espíritu Santo de nuevo, hoy. Gracias, Dios, porque estás continuamente conmigo y me sostienes en Tu mano derecha. Te pido que me guíes según Tu consejo todos los días de mi vida. Te ruego que mi deleite y deseo esté en ti y sólo en ti. Que pueda decir, "mi cuerpo y mi corazón desfallecen; pero la roca de mi corazón y mi porción es Dios, para siempre", en el poderoso nombre de Jesús, Amén. (Isaías 58:11; Salmo73: 23-26)

MI FUTURO Y ESPERANZA

Padre, te alabo por amarme y desear lo mejor para mí. Señor, cosas que ojo no vio ni oído oyó, que ni han surgido en el corazón del hombre, son las que has preparado (hecho y guardado) para mí porque te amo (según te obedezco con afecto, reverencia y prontitud y reconozco con gratitud los beneficios que me has concedido) a mí y en mi vida. Gracias, amado Dios, por la bondad que me otorgas a mí. Ruego ser plantado y establecido en la casa del Señor, y que florezca en los atrios de Dios. Te pido que crezca continuamente en la gracia, que siga dando frutos en la vejez. Pido estar lleno de vitalidad espiritual y ser rico en confianza, amor y satisfacción. Que mi vida sea como un recordatorio vivo de la fidelidad de Dios para mostrar al mundo que nos observa que el Señor es recto y fiel a todas sus promesas, en el nombre de Jesús, Amén. (1 Corintios 2:9; Salmo 92:13-15)

Esta es mi Biblia

Le propongo una sugerencia para entrar en un proceso de devoción y estudio bíblico. Declare esta palabra en voz alta y permita que la Verdad de ella penetre en su corazón.

Esta es mi Biblia
Creo que las palabras en este libro son verdaderas
Es la santa e infalible Palabra de Dios
Creo que Dios es lo que Él dice ser
Creo que Él hará lo que dice que hará
Es la luz a mi sendero
Es alimento para mi alma
Es vida y poder
Es mi arma contra el enemigo, Satanás
Creo que soy quien dice que soy
Puedo hacer lo que dice que puedo hacer
Soy un hijo amado de Dios
Soy más que vencedor
Soy la justicia de Dios en Cristo Jesús
Y camino por fe y no por vista
A medida que Dios me da fuerzas
Viviré mi vida en obediencia a Su Santa Palabra.
Esta es mi Biblia

Las viudas en la Palabra

El primer año de haber enviudado busqué desesperadamente en las Escrituras desde el Génesis hasta el Apocalipsis y escribí cada versículo que mencionaba a las viudas. Estaba tan deseosa de escuchar lo que Dios tenía que decir sobre las que habíamos perdido a nuestros maridos por causa de muerte. Me resultó tan edificante leer una y otra vez que Dios valora mucho a la viuda y la protege con una cobertura muy especial, una protección divina que es impenetrable. He señalado la palabra viuda en cada versículo para enfatizarla.

A ninguna viuda ni huérfano afligiréis, porque si tú llegas a afligirlos, y ellos claman a mí, ciertamente oiré yo su clamor, mi furor se encenderá y s mataré a espada; vuestras mujeres serán viudas, y huérfanos vuestros hijos. (Éxodo 22:22-24)

Porque Jehová, vuestro Dios, es Dios de dioses y Señor de señores, Dios grande, poderoso y temible, que no hace acepción de personas, ni recibe sobornos, que hace justicia al huérfano y a la viuda, que ama también al extranjero y le da pan y vestido. (Deuteronomio 10: 17-18)

Al cabo de tres años sacarás todo el diezmo de tus productos de aquel año, y lo guardarás en tus ciudades. Allí vendrá el levita, que no tiene parte ni heredad contigo, el extranjero, el huérfano y la **viuda** *que haya en tus poblaciones, y comerán y se saciarán, para que Jehová, tu Dios, te bendiga en toda obra que tus manos hagan. (Deuteronomio 14:28-29)*

No torcerás el derecho del extranjero ni del huérfano, ni tomarás en prenda la ropa de la **viuda,** sino que te acordarás de que fuiste siervo en Egipto y que de allí te rescató Jehová, tu Dios. Por tanto, yo te mando que hagas esto. Cuando siegues

tu mies en tu campo y olvides alguna gavilla en el campo, no volverás para recogerla; será para el extranjero, el huérfano y la **viuda,** a fin de que te bendiga Jehová, tu Dios, en toda la obra de tus manos. Cuando sacudas tus olivos, no recorrerás las ramas que hayas dejado detrás de ti; serán para el extranjero, el huérfano y la **viuda.** Cuando vendimies tu viña, no rebuscarás tras de ti; será para el extranjero, el huérfano y la viuda. Acuérdate que fuiste siervo en tierra de Egipto. Por tanto, yo te mando que hagas esto. (Deuteronomio 24:17-22)

Si dos hermanos habitan juntos y uno de ellos muere sin tener hijos, la **viuda** no se casará fuera de la familia, con un hombre extraño; su cuñado se llegará a ella, y restableciendo con ella el parentesco, la tomará como su mujer. El primogénito que ella dé a luz llevará el nombre de su hermano muerto, para que el nombre de éste no sea borrado de Israel. (Deuteronomio 25:5-6)

Maldito el que pervierta el derecho del extranjero, del huérfano y de la **viuda**. (Deuteronomio 27:19)

Por cierto, tu maldad es grande y tus iniquidades no tienen fin; ¡a las viudas enviabas vacías y quebrabas los brazos de los huérfanos! (Job 22:5, 9)

¡Como un árbol serán talados los impíos! Afligió a la mujer estéril, la que no concebía, y nunca se portó bien con la **viuda**. En cambio, aventaja en poder a los fuertes. ¡Cuando se levanta, nadie está seguro de su vida! Dios les da seguridad y confianza, pero sus ojos vigilan los caminos de ellos. (Job 24:20-23)

La bendición venía sobre mí del que estaba a punto de perderse, y al corazón de la **viuda** yo procuraba alegría. (Job 29:13)

Si he impedido a los pobres quedar satisfechos, si he hecho decaer los ojos de la **viuda,** si he comido yo solo mi bocado y no comió de él el huérfano (porque desde mi juventud creció conmigo como con un padre, y desde el vientre de mi madre fui guía de la **viuda.** (Job 31:16-18)

Padre de huérfanos y defensor de **viudas** es Dios en su santa morada. (Salmo 68:5)

Jehová, Dios de las venganzas, ..., ¡muéstrate! A tu pueblo, Jehová, quebrantan.... A la **viuda** y al extranjero matan y a los huérfanos quitan la vida. (Salmo 94:1, 5, 6)

Bienaventurado aquel cuyo ayudador es el Dios de Jacob, cuya esperanza está en Jehová su Dios, el cual hizo los cielos y la tierra, ..., que hace justicia a los agraviados, que da pan a los hambrientos. Jehová liberta a los cautivos; Jehová abre los ojos a los ciegos; Jehová levanta a los caídos; Jehová ama a los justos. Jehová guarda a los extranjeros; al huérfano y a la **viuda** sostiene, y el camino de los impíos trastorna. (Salmo 146:5-9)

Jehová derriba la casa de los soberbios, pero afirma la heredad de la **viuda**. (Proverbios 15:25)

Cuando extendáis vuestras manos, yo esconderé de vosotros mis ojos; asimismo cuando multipliquéis la oración, yo no oiré; llenas están de sangre vuestras manos. Lavaos y limpiaos, quitad la iniquidad de vuestras obras de delante de mis ojos, dejad de hacer lo malo, aprended a hacer el bien, buscad el derecho, socorred al agraviado, haced justicia al huérfano, amparad a la **viuda**. (Isaías 1:15-17)

¡Ay de los que dictan leyes injustas y prescriben tiranía, para apartar del juicio a los pobres y para privar de su derecho a los afligidos de mi pueblo; para despojar a las **viudas** y robar a los huérfanos! (Isaías 10:1, 2)

Oíd palabra de Jehová, ... mejorad vuestros caminos y vuestras obras, y os haré habitar en este lugar. No fiéis en palabras de mentira, diciendo: '¡Templo de Jehová, templo de Jehová... es éste!' Pero si de veras mejoráis vuestros caminos y vuestras obras; si en verdad practicáis la justicia entre el hombre y su prójimo, y no oprimís al extranjero, al huérfano y a la **viuda**, ni en este lugar derramáis la sangre inocente, ni vais en pos de dioses extraños para mal vuestro, yo os haré habitar en este lugar.... (Jeremías 7:2-7)

Así ha dicho Jehová: Actuad conforme al derecho y la justicia, librad al oprimido de mano del opresor y no robéis al extranjero, al huérfano y a la **viuda**, ni derraméis sangre inocente en este lugar. (Jeremías 22:3)

¡Deja tus huérfanos, yo los criaré, y en mí confiarán tus **viudas**! (Jeremías 49:11)

Así habló Jehová de los ejércitos: Juzgad conforme a la verdad; haced misericordia y piedad cada cual con su hermano; no oprimáis a la **viuda**, al huérfano, al extranjero ni al pobre, ni ninguno piense mal en su corazón contra su hermano. (Zacarías 7:9, 10)

Vendré a vosotros para juicio, y testificaré sin vacilar contra los hechiceros y adúlteros, contra los que juran falsamente contra los que defraudan en su salario al jornalero, a la **viuda** y al huérfano, contra los que hacen injusticia al extranjero, sin tener temor de mí», dice Jehová de los ejércitos. (Malaquías 3:5)

¡Ay de vosotros, escribas y fariseos, hipócritas!, porque devoráis las casas de las **viudas**, y como pretexto hacéis largas oraciones; por esto recibiréis mayor condenación. (Mateo 23:14, Marcos 12:40, Lucas 20:47)

En aquellos días, como crecía el número de los discípulos, hubo murmuración de los griegos contra los hebreos, que las **viudas** de aquellos eran desatendidas en la distribución diaria. (Hechos 6:1)

Honra a las **viudas** que en verdad lo son. Pero si alguna **viuda** tiene hijos o nietos, aprendan estos primero a ser piadosos para con su propia familia y a recompensar a sus padres, porque esto es lo bueno y agradable delante de Dios. Pero la que en verdad es **viuda** y ha quedado sola, espera en Dios y es diligente en súplicas y oraciones noche y día. (1 Timoteo 5:3-5)

Pero **viudas** más jóvenes no admitas, porque cuando, impulsadas por sus deseos, se rebelan contra Cristo, quieren casarse, ... Quiero, pues, que las **viudas** jóvenes se casen, críen hijos, gobiernen su casa; que no den al adversario ninguna ocasión de maledicencia, ... Si algún creyente o alguna creyente tiene **viudas**, que las mantenga, y no sea gravada la iglesia, a fin de que haya lo suficiente para las que en verdad son **viudas**. (1 Timoteo 5:11-16)

Si alguno se cree religioso entre vosotros, pero no refrena su lengua, sino que engaña su corazón, la religión del tal es vana. La religión pura y sin mancha delante de Dios el Padre es ésta: visitar a los huérfanos y a las **viudas** en sus tribulaciones y guardarse sin mancha del mundo. (Santiago 1:26, 27)

Por útimo, les dejo con estas inspiradoras palabras de Josué, un gran guerrero hebreo,

"...mira que te mando que te esfuerces y seas valiente; no temas ni desmayes, porque Jehová, tu Dios, estará contigo dondequiera que vayas." (Josué 1:9)

Notas finales

Las oraciones del capítulo ocho fueron elaboradas a partir de las versiones RVR, Actualizada y NVI. Otras escrituras tomadas de la Reina Valera Actualizada, a menos que se indique lo contrario. Con derechos de autor © 2015 por Editorial Mundo Hispano. Zondervan Bible Publishers.

1. Estrofas del himno "La Roca Sólida".

(William B. Bradbury/Edward Mote) Tercera estrofa. Dominio público.

2. Adaptado de "For Those Who Hurt" por Charles R. Swindoll. Con derechos de autor, 1960, 1962, 1963, 1968, 1971, 1972, 1973, 1975 por The Lockman Foundation, New American Standard Bible. Usado con permiso de Zondervan.

3. Smith, Hannah Whitall. El secreto del cristiano para una vida feliz. (Grand Rapids, MI: Fleming H. Revell Company) Página 78. Dominio público.

www.ingramcontent.com/pod-product-compliance
Lightning Source LLC
Jackson TN
JSHW020318121224
75278JS00001B/5